COLEÇÃO
POCKET BOOK
THEREZA NAHAS
COORDENADORA

COLEÇÃO
POCKET BOOK
THEREZA NAHAS
COORDENADORA

RICARDO JOSÉ MACEDO DE BRITTO PEREIRA

INQUÉRITO CIVIL E AÇÃO CIVIL PÚBLICA

MATRIOSKA
EDITORA

Publisher – Editorial: Luciana Félix
Publisher – Comercial: Patrícia Melo
Coordenação editorial da coleção: Ana C. Moura
Copidesque e preparação de texto: Renato Mello Medeiros
Revisão: Equipe Matrioska Editora
Editoração e capa: Marcelo Correia da Silva

Matrioska Editora
Atendimento e venda direta ao leitor:
www.matrioskaeditora.com.br
contato@matrioskaeditora.com.br
facebook.com/matrioskaeditora
instagram.com/matrioskaeditora

Dados Internacionais de Catalogação na Publicação (CIP)
(Câmara Brasileira do Livro, SP, Brasil)

Pereira, Ricardo José Macedo de Britto
Inquérito civil e ação civil pública / Ricardo José Macedo de Britto Pereira. -- São Paulo, SP : Matrioska Editora, 2022. -- (Coleção pocket book / coordenação Thereza Nahas)

Bibliografia.
ISBN 978-65-86985-69-6

1. Ação civil pública - Brasil 2. Direito do trabalho 3. Inquérito civil - Brasil I. Nahas, Thereza. II. Título. III. Série.

22-118500 CDU-34:331(81)

Índices para catálogo sistemático:

1. Brasil : Direito do trabalho 34:331(81)

Eliete Marques da Silva - Bibliotecária - CRB-8/9380

Impresso no Brasil
2022

O autor

Ricardo José Macedo de Britto Pereira

Subprocurador-Geral do Ministério Público do Trabalho aposentado. Professor titular do Mestrado das Relações Sociais e Trabalhistas do Centro Universitário do Distrito Federal – UDF. Estágio pós-doutoral pela Cornell University. Doutor pela Universidad Complutense de Madrid. Master of Laws pela Syracuse University. Mestre pela Universidade de Brasília.

Apresentação da Série

A coleção Pocket-book chega ao leitor com a intenção de proporcionar uma ferramenta de trabalho e conhecimento que permita a consulta rápida, inteligente e com a qualidade que o modelo da tecnologia atual exige.

Os temas monográficos e a diversidade de autores e pensamentos evitam que a velocidade das alterações legislativas, jurisprudenciais, políticas e sociais possam comprometer a atualidade das obras.

O formato praticamente 100% digital do conteúdo (com impressões esporádicas e sob demanda) viabiliza as atualizações constantes e necessárias para a compreensão dos temas propostos.

O mundo em constante transformação, a aceleração da tecnologia da informação e da comunicação e os vários instrumentos normativos que surgem nos diferentes países impactando, inclusive, a zona de conforto que cada um de nós vive, requer atualizações mais dinâmicas e intercâmbios culturais, políticos, jurídicos e sociais. O mundo não tem fronteiras e reclama que cada um possa ir mais além, justamente pela união dos povos e a cooperação transnacional.

Vivemos no século da sociedade do conhecimento, fundamento este de cada Pocket-book que o leitor poderá absorver!

Thereza Nahas

Coordenadora e autora

Prefácio

Antonio Gidi[1]

Com este livro, Ricardo Pereira apresenta um panorama sobre as principais questões da tutela coletiva trabalhista, um guia para quem atua na área.

O autor reúne sua experiência no Ministério Público do Trabalho, onde passou por todos os graus de atuação. Presidiu inquéritos e propôs ações civis públicas; interpôs recursos em Tribunais Regionais do Trabalho e no Tribunal Superior do Trabalho; ocupou funções administrativas, participando de decisões e estratégias voltadas ao aprimoramento institucional. Sua passagem como membro do Conselho Superior do Ministério Público do Trabalho, por exemplo, permitiu discutir e aprovar diversas normas sobre matérias de interesse da instituição, muitas delas voltadas ao inquérito civil. Aposentou-se recentemente como Subprocurador-Geral, pináculo da carreira.

Percebe-se da leitura do texto, sobretudo na parte referente ao inquérito civil, que o autor não é um mero teórico: ele conhece o Ministério Público do Trabalho. Ao mesmo tempo, a visão acadêmica está presente, especialmente quando trabalha os conceitos de direitos transindividuais e de ação coletiva. A experiência como professor

[1] Professor de Direito Processual Civil, Responsabilidade Civil e Ações Coletivas na Faculdade de Direito da Universidade de Syracuse, Nova Iorque.

titular e pesquisador de pós-graduação faz com que o livro, ainda que voltado para a prática, apresente densidade teórica.

Mesmo sendo um acadêmico estabelecido no Brasil e professor titular, Ricardo não deixou o seu lado de estudante esmorecer. Depois de quase vinte anos de conclusão de seu doutoramento na Complutense de Madrid, o autor frequenta cursos e desenvolve pesquisas nos Estados Unidos. Terminou há pouco o seu *Master of Laws* e agora cursa o seu segundo doutorado. Tive o prazer de ser seu professor no mestrado e hoje a honra de orientá-lo no doutorado. A tese do seu primeiro doutorado, aprovada com louvor, foi publicada na Espanha em forma de livro. Espero o mesmo nível de excelência agora. Não aceitarei nada menos. Nem ele.

Tenho dedicado especial atenção às ações coletivas e participado de iniciativas legislativas em vários países. Apesar de o microssistema de tutela coletiva estar consolidado no Brasil, as investidas políticas contra sua efetividade e os ataques visando ao seu enfraquecimento são constantes. As ações coletivas incomodam porque são efetivas: elas interferem com o controle e o poder de grandes grupos que operam de forma lucrativa com a macrolesão de direitos.

O estudo sobre o tema, ainda que provoque controvérsias, é uma forma de despertar reações a essas macroviolações – em perspectiva de grupo e não de seus integrantes individualizados. Este livro oferece essa contribuição para os profissionais da área trabalhista, ao proporcionar ferramentas para bem manejar o inquérito civil e a ação coletiva.

Sumário

INTRODUÇÃO

O presente estudo se ocupa da tutela coletiva dos direitos, tanto no inquérito civil quanto na ação civil pública na área trabalhista. O objetivo é enfrentar as diversas questões presentes nas ações e processos coletivos, sem apresentar uma base teórica geral, exceto em relação à classificação dos interesses e direitos transindividuais. Assim, busca-se suporte da doutrina e jurisprudência para a tomada de posições nos diversos temas, embora a análise acompanhe a linha orientadora do trabalho, consistente na força e no prestígio da tutela coletiva no âmbito trabalhista. O foco é prático, de modo que a abordagem possa ser útil para os que atuam ou pretendem atuar com o inquérito civil e a ação civil pública trabalhistas.

Houve considerável avanço nos estudos sobre a tutela coletiva na área trabalhista, pois, neste ramo do Direito, a coletividade, seja ela organizada ou não, está presente de maneira acentuada, quando comparado com outros ramos. O dissídio coletivo no processo do trabalho consolidou-se como a primeira manifestação acerca de providências relacionadas a direitos que dizem respeito ao grupo e não às pessoas que trabalham, consideradas individualmente.

O texto está dividido em quatro partes. A primeira trata dos interesses e direitos transindividuais. Este ponto mereceu atenção especial, considerando que é essencial e determinante para a atuação dos entes legitimados e para a efetiva tutela coletiva. Em seguida, passa-se à análise do inquérito civil, parte em que será abordado o Ministério Público do Trabalho, que é o legitimado exclusivo para a condução do inquérito civil na área trabalhista. Há um tópico à parte que aborda o Termo de Ajuste de Conduta, que vem se destacando como importante instrumento de resolução das macroviolações no âmbito trabalhista. A última parte se ocupa da ação civil pública no processo do trabalho. Procura-se abordar os pontos de controvérsia da ação civil pública trabalhista, apontando-se caminhos doutrinários ou jurisprudenciais, sem incursão teórica mais detida, para que o texto não escape de seu perfil voltado para o lado prático.

INTERESSES E DIREITOS TRANSINDIVIDUAIS

1.1 Acepções do termo *interesse*

Os *interesses* interligam pessoas e situações, estabelecendo relações que, quando a atenção recai nos sujeitos, evidenciam-se as necessidades experimentadas, ao passo que quando a ênfase é no objeto, destacam-se as situações de vantagens a serem alcançadas[1].

Estudos consideram os *interesses* como impulsos de origem natural, instintiva, consistentes num esforço do sujeito para realizar-se. Existe, por natureza, uma espécie de *capacidade insatisfeita*, própria dos instintos humanos, que leva a uma *predisposição a reorganizar-se*. Outras correntes enfatizam o caráter racional e de orientação social. Os comportamentos resultariam da ação do sujeito cognoscente, que identifica o entorno e avalia as consequências, no intuito de eleger

---

[1] FERRAZ, Antonio Augusto Mello de. "Considerações sobre interesse social e interesse difuso". *A ação civil pública após 20 anos: efetividade e desafios*. São Paulo: Revista dos Tribunais, 2005, p. 61.

os caminhos que levam às situações de vantagens, como parte desse processo racional-valorativo[2].

Em contraste, há abordagens que destacam o objeto e não os sujeitos, eliminando fatores psicológicos e subjetivos. Carnelutti, por exemplo, entendia que os *interesses* não se referiam a juízos ou avaliações, mas à *posição* do ser humano *favorável à satisfação de uma necessidade*[3].

Seja no sentido subjetivo ou objetivo, o termo *interesse* apresenta-se como motor e orientação de condutas, para alcançar posições de vantagens, afastar desvantagens, bem como administrar possíveis conflitos durante o percurso.

Os interesses atuam no surgimento dos conflitos – como "fatores de estímulo" da situação problemática –, mas também na sua resolução – como elementos "condicionantes da aceitação social da solução"[4].

Guasp[5] rejeitou uma noção rigorosa de *interesse* jurídico, em razão da ausência de contornos rígidos. Para ele, o *interesse* não é estrutura e sim função. Essa obscuridade no conceito do *interesse* assegura o desempenho de sua missão. Segundo Guasp (1971), "o interesse pode ter sujeitos, mas pode não tê-los: há tantos interesses jurídicos pessoais como impessoais...". Da mesma forma em relação ao objeto: "o interesse jurídico pode ter objeto, mas pode não tê-lo: há tantos interesses jurídicos objetivos como interesses jurídicos que não o são; o interesse jurídico pode ter atividade ou pode não tê-la...". Na perspectiva de Guasp o "interesse serve enquanto mediador entre

---

[2] RATZENHOFER, G. e SMALL. A. Apud PRANDSTRALLER, Gian Paolo. *Funzioni e conflitto*. Milano, 1970, p. 63/64.

[3] Apud GUTIÉRREZ DE CABIEDES e HIDALGO DE CAVIEDES. *La tutela jurisdiccional de los intereses supraindividuales: colectivos y difusos*. Aranzadi, 1999, p. 44.

[4] PRANDSTRALLER. Op. cit., p. 61.

[5] GUASP, Jaime. *Derecho*. Madrid: Gráficas Hergon S.L., 1971, p. 276 e 279.

fórmula jurídica e realidade do caso: manejado por si só chega até ao extremo de carecer de autêntico sentido".

A indeterminação dos interesses jurídicos no plano geral, portanto, não constitui justificativa para negar a sua tutela. Pelo contrário, a busca de precisão não é condição para a tutela.

1.2 Interesses e direitos subjetivos

A introdução da ideia de *interesse* no âmbito jurídico, de maneira significativa, está relacionada ao conceito de *direito subjetivo*. A noção clássica de *direito subjetivo* correspondia a uma situação de vantagem particular, consoante a autonomia da vontade de seu titular. A *teoria da vontade*, vinculada à concepção liberal privatista, ocupava-se de direitos cujos deveres correlatos eram negativos, de maneira que a violação ocorria por ação. A ideia de direitos "como razões para exigir ações positivas", cuja violação se dá por omissões, só se consolidou em momento posterior[6].

Para as concepções baseadas na vontade, "o direito é essencialmente direito subjetivo". O direito subjetivo confere proteção jurídica contra interferências não autorizadas "na liberdade, na vida e na propriedade de alguém". A proteção jurídica era condicionada à autonomia privada, "assegurada sobretudo por meio do direito de concluir contratos e de adquirir propriedade, ou de aliená-la ou transmiti-la"[7].

---

[6] PÁRAMO, Juan Ramón. "Derecho subjetivo": En *Derecho y justicia*. VVAA, Ed. De ERNESTO GARZÓN VALDÉS y FRANCISCO LAPORTA. Madrid: Trotta, CSIC, BOE, 1996, p. 386/7.

[7] Assim, por exemplo, foi a concepção defendida por PUCHA. Cf. HABERMAS, Jürgen. *Facticidad y validez. Sobre el derecho y el Estado democrático de derecho en términos de teoría del discurso*. 2. ed. Madrid: Trotta, 2000, p. 150.

A soberania da vontade deslocou-se do âmbito do titular do direito para a ordem jurídica[8]. O titular do direito possui a faculdade de exigir um comportamento específico de uma ou mais pessoas, não como expressão da subjetividade, mas como faculdade que se encontra prevista no direito objetivo e é convertida em direito subjetivo, mediante o exercício da vontade[9].

Na teoria da vontade, pode-se distinguir dois momentos. O primeiro em que o direito subjetivo surge como defesa do indivíduo frente aos poderes do Estado, com a consequente supressão do direito objetivo. O direito subjetivo equivaleria ao poder da vontade em sua forma mais pura, é dizer, sem intervenção do Estado, "nem para reconhecê-lo e muito menos para criá-lo". No subsequente, a vontade é respaldada pelo direito objetivo[10]. A concepção de direito subjetivo como potência da vontade indica que a ordem jurídica já contém a situação sobre a que o sujeito pode atuar, "por isso a vontade do sujeito está em potência, que passará a ato quando exercite o que o ordenamento jurídico lhe autoriza". Como soberania, o direito subjetivo prevalece, pois o titular atua de maneira que a criação e o exercício do direito estejam sob seu poder[11].

Neste aspecto, o processo de consolidação do conceito de direito subjetivo desloca-se da manifestação da vontade, como núcleo do

---

[8] Nesse sentido, foi a concepção de WINDSCHEID. Cf. HABERMAS, J. Op. cit., p. 151.

[9] SAUCA, José Maria, in VA. (org. Gregório Peces-Barba, Eusebio Fernández y Rafael de Asís). *Curso de Teoría del Derecho.* Madrid: Marcial Pons, 1999, p. 273 y s., esp. p. 275.

[10] MATEO SANZ, J. B. *El retracto convencional: relación jurídica y derecho subjetivo.* Madrid: Dykinson,2000. p. 122/3.

[11] Id., ibid., p. 131/2.

direito subjetivo, para a fundamentação da vontade no direito objetivo[12].

A teoria da vontade, no plano filosófico, se identificou com a concepção individualista e, no plano jurídico-político, legitimou o contratualismo e o liberalismo. Tal teoria é "perfeitamente adequada ao dogma do capitalismo liberal, à primazia do mercado, reino da livre iniciativa individual e espaço vedado ao poder estatal, que deve limitar-se a garantir suas regras do jogo"[13].

Diante da insuficiência e os desequilíbrios gerados pelas teorias da vontade, o direito objetivo passa a predeterminar diversos conteúdos que antes eram deixados à vontade individual. As disposições objetivas podem afetar indivíduos, ainda que de forma reflexa, sem que haja direitos subjetivos e, consequentemente, manifestação de vontade que determine as consequências jurídicas.

A soberania da vontade é substituída por "interesses", de modo que o conceito de direitos passa a ser os "interesses juridicamente protegidos". Os direitos existem para satisfazer as necessidades dos homens e defender os seus interesses, não apenas na esfera econômica, mas também os "bens de natureza moral, a personalidade, a liberdade, a honra, os laços de família". Ao lado do elemento substancial, "que reside no fim prático do direito, que produz a utilidade, as vantagens e os benefícios que

---

[12] Daí a afirmação de Ricardo ORESTANO de que "a história da ciência jurídica de derivação *pandectística* do século passado aos nossos dias se apresenta como um longo, lento e tormentoso 'redescobrimento' do direito objetivo" (*Azione, diritto soggettivi e persone giuridiche*. Bologna: Il Mulino, 1978, p. 145).

[13] LUCAS, Javier de. *Introducción a la Teoría del Derecho*. Valencia: Tirant lo blanch, 1994, p. 212.

elas asseguram", há um elemento formal, que se refere à "*proteção* do direito, *ação* da *justiça*"[14].

A ideia de direito subjetivo referida ao gozo de interesses "permitiu a extensão dos direitos subjetivos privados a direitos em geral", e também a possibilidade de seu titular participar em "rendimentos organizados ou riqueza social"[15].

A disputa sobre o conceito dos direitos subjetivos persiste até hoje, havendo inúmeras teorias que tentaram combinar os conceitos de *vontade* e *interesse*, como as de L. Enneccerus/H. C. Nipperdey y G. Jellinek. No direito anglo-saxão, a polarização do debate iniciado por Bentham (*teoria do interesse*) e Austin (*teoria da vontade*) foi protagonizada, mais recentemente, por McCormick-Lyons (*teoria do interesse*) e Hart (*teoria da vontade*)[16]. Percebem-se a e também a busca de equilíbrio entre o sujeito de direito e a ordem jurídica objetiva, "as duas polaridades fundamentais da experiência jurídica"[17].

1.3 Interesses legítimos e interesse público

1.3.1 Interesses legítimos

A figura do interesse legítimo aparece para deslegitimar o direito subjetivo, ao denunciar sua insuficiência para assegurar a tutela jurídica do indivíduo frente ao Estado. Questiona-se em relação ao

---

[14] IHERING, R. *El espíritu del Derecho romano*. Tomo primero, Granada: Editorial Comares, 1998, p. 1031 e s.

[15] HABERMAS, J. *Facticidad y validez. Sobre el derecho y el Estado democrático de derecho en términos de teoría del discurso*. 2. ed. Madrid: Trotta, 2000, p. 151.

[16] ALEXY, Robert. *Teoría de los derechos fundamentales*. Madrid: Centro de Estudios Políticos y Constitucionales, 2. reimpr., 2001, p. 179.

[17] A expressão entre aspas é de FROSINI citada por Luis Felipe Colaço ANTUNES. *A tutela dos interesses difusos em direito administrativo: para uma legitimação procedimental*. Coimbra: Almedina, 1989, p. 55.

direito subjetivo a "sua capacidade para garantir os valores expressivos da centralidade da pessoa em sua projeção social e política"[18].

O cumprimento das determinações do ordenamento jurídico, para alcançar fins relacionados com a satisfação de interesses gerais, pode acarretar vantagens ou desvantagens aos indivíduos. Um interesse específico pode ser tutelado diretamente, como resultado de uma disposição normativa que atribui direito, mas também como efeito reflexo de disposição que não estabelece direitos particularizados. Essa possibilidade de adquirir vantagens ou repelir desvantagens, como decorrência do cumprimento de disposições de caráter objetivo, que não possuem destinatários identificados e precisos, é denominada de *interesse legítimo*. Ainda que o conceito jurídico de *interesse* não possua "a mesma riqueza dogmática ou teórica" que o de direito subjetivo, "é possível sua análise como objeto geral de garantia na medida em que começam a ser habituais tanto sua presença em diversos contextos constitucionais como as contribuições doutrinárias a respeito"[19].

O estudo do interesse legítimo se originou no Direito Administrativo italiano, onde se verifica uma divisão da Justiça Administrativa, de acordo com o fato de as controvérsias dizerem respeito a direitos subjetivos ou a interesses legítimos[20]. Não se concebia tutela jurisdicional de situação subjetiva de vantagem distinta da categoria dos *direitos subjetivos*. A posição subjetiva, genericamente identificada como interesse, era considerada frágil, uma vez que decorria da manifestação de poder, ato de administração pura,

---

[18] FREIRE, A. M. Peña. *La garantía en el Estado constitucional de Derecho*. Madrid: Editorial Trotta, 1997, p. 129.

[19] Como assinala FREIRE, *La garantía en el Estado constitucional de derecho*, cit., p. 167.

[20] ENTERRÍA, Eduardo García de. *Problemas del derecho público al comienzo del siglo*. Madrid: Civitas, 2001, p. 35.

desvinculada de um direito. Consequentemente, protegia-se a esfera de discricionariedade contra eventual exame pelo Poder Judiciário, numa aplicação rigorosa do princípio de separação de poderes. Se a administração detém poderes, que não são disciplinados por direitos dos particulares, estes se encontram em posição de sujeição. Se, ao contrário, à administração não são atribuídos poderes e a relação entre ela e o particular é regulada por lei, há direito subjetivo. Dessa forma, ante poder discricionário da administração, o particular detém interesse legítimo e não direito subjetivo. A existência de um direito subjetivo no confronto com a administração está no fato de que o ordenamento jurídico exige que ela conceda ou não suprima determinado bem[21].

Essa situação alterou-se em 1889, com a criação da Seção IV, e primeira jurisdicional do *Consiglio di Stato*, em que a competência era determinada segundo a situação subjetiva deduzida pelo demandante. Essa separação desencadeou uma "teorização sobre os conceitos de interesses legítimos e direitos subjetivos na Itália realmente inédita em outros países"[22].

O interesse do particular que justificava a tutela era a possibilidade de eliminar eventual vício no procedimento adotado pela administração de concretização do interesse público. Nesse sentido, definia-se como coincidente com o interesse à legalidade ou ao bom funcionamento da administração, por meio da adoção de atos imunes a vícios. O interesse legítimo era visto como ocasionalmente

---

[21] DOMENICO SORACE. *Diritto delle amministrazioni pubbliche. Una introduzione*. Bologna: Il Mulino, 2000, p. 363/4.

[22] SALMERÓN, M. Fernández. "Nuevas tendencias de la Justicia Administrativa en Italia: hacia algunas quiebras de la distinción entre intereses legítimos y derechos subjetivos". In *Revista de Administración Pública*. Centro de Estudios Políticos y Constitucionales. Número 154, p. 507/8.

protegido. A violação da legalidade não podia ser impugnada por qualquer um, mas somente por quem sofrera prejuízo por tal violação.

Na concepção de interesse ocasionalmente protegido, o *interesse legítimo* se origina no momento que a administração pública age. Já, na concepção que reconhece natureza substancial ao *interesse legítimo*, ele surge com a norma que atribui o poder à administração, mas adquire consistência pelo exercício do poder público com incidência na esfera jurídica do administrado. Por um lado, o ente público é dotado do poder de autoridade, para interferir na esfera de particulares, que se encontram em situação de sujeição. Por outro, os particulares detêm a capacidade de reagir ao exercício do poder, no intuito de exigir o respeito à legalidade do procedimento que afeta seus interesses substanciais[23].

O *interesse legítimo* desconstitui o modelo baseado na separação rígida entre público e privado e entre autoridade e liberdade. O procedimento passa a ter grande relevância, uma vez que possibilita a participação dos administrados no conteúdo da decisão emanada. O *interesse legítimo* é relacional e dinâmico, ao vincular administração e administrado, não por meio de conteúdos predefinidos, mas mediante interesses, ônus, expectativas e pretensões, que sobressaem no procedimento[24].

O *interesse legítimo*, ao viabilizar participação na formação da vontade administrativa, concilia liberdade e desenvolvimento da personalidade com a atuação do Estado. A noção de procedimento passa a ser essencial à legitimação do exercício do poder. As garantias que emanam do *interesse legítimo*, no curso do procedimento, não

---

[23] FRANCO, Italo. *Strumenti di tutela del privato nei confronti della publica amministrazione dall'annullamento dell'atto lesivo al risarcimento.* Padova: CEDAM, 1999, p. 174 e s.

[24] Ibidem.

são apenas defensivas, para corrigir desvios ou irregularidades, mas ativas, no sentido de participar do exercício do poder administrativo, influenciando no seu rumo e resultado final[25].

1.3.2 Interesse público. Considerações gerais. Interesse público primário e secundário

Em geral, a referência a interesse público se associa a interesse do Estado. A dinâmica própria dos Estados dificulta a apreensão de suas variadas facetas para o estabelecimento de unidade conceitual, sendo, de qualquer forma, necessário identificar traços comuns, para estabelecer uma compreensão acerca do Estado, bem como de suas variáveis. O *interesse público* é um dos responsáveis por essa unidade conceitual. O Estado, ainda que centro de atuação resultante de forças múltiplas, opera como unidade organizada de decisão e ação, por meio da colaboração planejada de homens e instituições, potencializando os esforços[26].

O conceito de *interesse público* é juridicamente indeterminado. Trata-se de conceito com os quais as leis elegem determinadas áreas ou fatos de interesse ou de atuação, identificáveis no momento de sua aplicação. A indeterminação refere-se ao enunciado normativo, mas não à sua aplicação. Esses conceitos se convertem ou devem se converter em realidades concretas e determinadas, de modo que não conferem ampla liberdade a seus operadores.

Afirmar que o interesse público é um conceito jurídico indeterminado e ao mesmo tempo sujeito a controle de seu conteúdo pelo Poder Judiciário implica numa judicialização de valores e

---

[25] FREIRE, A. M. Peña. Op. cit., p. 175 e 177.

[26] HELLER, Hermann. *Teoría del Estado*. México: Fundo de Cultura Económica, Trad. de LUIS TOBIO, 1942, p. 252.

interesses, que rompe com a concepção liberal do interesse público predeterminado completamente pela lei[27].

O *interesse público* envolve uma multiplicidade de interesses que exigem proteção. Porém, as formas de proteção desses interesses são variadas e sua definição não se dá de forma abstrata e prévia. A operacionalização desses conceitos sempre remete ao caso concreto. A impossibilidade de a lei dispor, de forma pontual, o conteúdo do interesse público acarreta a transferência de operações valorativas que não podem ser realizadas antecipadamente. Por essa razão é que o ordenamento jurídico atribui a uma autoridade pública a possibilidade de agir na defesa e satisfação do interesse público. A heterogeneidade dos interesses que devem convergir para formar a unidade do interesse público afeta, de maneira significativa, os aspectos competenciais e a própria hierarquia, exigindo formas de organização adequadas[28].

A defesa dos interesses e direitos coletivos é uma das variadas manifestações da defesa do interesse público.

Renato Alessi[29] (1970) elaborou a diferenciação entre interesse público primário e secundário. O Estado possui superioridade em relação a outros centros de poder, em razão do monopólio da coerção. Esse poder, no entanto, não é um poder de fato, baseado na pura força, mas jurídico, exercido dentro dos limites do ordenamento jurídico. A atuação da administração condiciona-se à autorização legal, pressupondo a previsão, ao menos implícita, de uma norma geral,

---

[27] SAN LUCA, Guido Clemente. *I nuovi confini dell'interesse publico e altri saggi*. Padova: CEDAM, 1999, p. 61.

[28] Op. cit., p. 64 e 66.

[29] ALESSI, Renato. *Instituciones de Derecho Administrativo*. Trad. da 3.. ed. italiana, por Buenventura Pellisé Prats, Tomo I, 1970, p. 181 e s.

editada por outro poder, capaz de permitir a sujeição dos particulares ao poder administrativo, manifestado unilateralmente, por razões de interesse público que levaram o legislador a assim estabelecer.

Esse interesse público, cuja satisfação compete à administração, não é o seu enquanto "aparato organizativo", mas o que se denomina "interesse coletivo primário, formado pelo conjunto de interesses individuais preponderantes em uma determinada organização jurídica da coletividade". Os interesses secundários da administração só podem ser satisfeitos reflexamente, com a satisfação do interesse público primário. Por outro lado, pode haver contraste entre ambos, como no exemplo em que o interesse secundário levaria a administração a pagar aos próprios servidores o menos possível e aumentar, ao máximo, os impostos. O interesse público primário requer pagamento adequado para os servidores, a fim de desempenhar de maneira satisfatória suas funções, além de não serem impostas aos cidadãos cargas tributárias excessivas[30].

Uma vez voltado à satisfação do interesse primário, o Direito Público não pode prescindir de limitações substanciais aos poderes da administração, bem mais acentuadas do que no direito privado[31].

Ferraz[32] bem detectou a utilização na Constituição de 1988 da expressão *interesse público* ora como interesse visto pelos órgãos da administração pública, aproximando-se do conceito de interesse público secundário de Alessi, ora como interesse social. Já quando é utilizada a expressão *interesse social*, sua aplicação se dá de maneira adequada, na perspectiva da sociedade e não do aparato estatal. Tal

---

[30] ALESSI, Renato. Op. cit., p. 185.

[31] ALESSI, Renato. Op. cit., p. 190.

[32] FERRAZ, Antonio Augusto Mello de. "Considerações sobre interesse social e interesse difuso". *A ação civil pública* cit., p. 61/62.

como consta do art. 127, a incumbência de defesa do interesse social pelo Ministério Público.

1.3.3 Interesse público que justifica a atuação do Ministério Público

É nítida a evolução no sentido de intensificar o controle da atividade administrativa na realização do interesse público, por meio do Poder Judiciário, mas tal controle não chega ao ponto de permitir a invasão do mérito do ato administrativo. O mesmo raciocínio se aplica ao núcleo da atividade do Ministério Público. Na prática, essas distinções são mais complexas, considerando que o Poder Judiciário terá a última palavra.

Compete aos membros do Ministério Público do Trabalho a identificação da presença de interesse público que justifique sua atuação. Na verdade, trata-se de uma margem para analisar a conveniência e oportunidade de atuação, não cabendo ao Judiciário substituir o juízo dos procuradores nesse aspecto, mas tão só corrigir eventuais desvios e abusos.

Semelhantes âmbitos de imunidades no tocante a margens de avaliação e atuação são reconhecidos aos Poderes da União, para o cumprimento da finalidade comum a todos eles, que é a satisfação do interesse público. Constituem exemplos correntes na jurisprudência, a mencionada vedação de invasão pelo Judiciário no mérito do ato administrativo, em substituição aos critérios de conveniência e oportunidade do administrador[33], e o controle de

[33] STJ – 4ª T. – REsp nº 1.994/RS, Rel. Sálvio de Figueiredo; STJ, 1ª Seção – MS 3.071-0/DF, Rel. Min. Milton Luiz Pereira. *Ementário STJ*, nº 9/412 e STJ 2ª T. RMS nº 978-0/RO – Rel. Américo Luz, *Ementário STJ* nº7/005.

constitucionalidade em relação aos atos legislativos *interna corporis*[34] ou aos juízos de relevância e urgência para a adoção das medidas provisórias[35].

O compromisso do Ministério Público com o interesse público primário e sua isenção em relação ao secundário estão expressos na Constituição ao vedar que promova a representação judicial e a consultoria aos entes da administração pública (art. 129, IX). A vedação, porém, não impede que o Ministério Público atue em sintonia com a administração pública, o que deve ocorrer com regularidade, pois a finalidade de seus órgãos é perseguir o interesse público primário. Não impede tampouco que atue supletivamente para defender o interesse público primário, quando o ente público dele se descurou.

A atribuição, como critério exclusivo do Judiciário, da determinação de quando a atuação do Ministério Público é cabível, ou mesmo se ela é justificada, constitui ingerência indevida, incompatível com as prerrogativas legais e as garantias constitucionais da Instituição. Incumbe ao Judiciário examinar os excessos cometidos pelo membro do Ministério Público, quando de sua intervenção. No entanto, o juízo de conveniência e oportunidade da intervenção, consistente na avaliação da presença de interesse que justifique a atuação, está dentro da esfera de avaliação do próprio Ministério Público.

---

[34] STF – Pleno – ADin nº 2.038/BA, Rel. p. Acórdão Min. Nelson Jobim, decisão 18/08/1999. *Informativo STF*, nº 158.

[35] STF – Pleno – ADin nº 1.717-6/DF – Medida Liminar – Rel. Min. Sydney Sanches, DJ 03/02/2000, p. 3, entre outras.

1.4 Interesses e direitos difusos, coletivos e individuais homogêneos

1.4.1 Surgimento e consolidação normativa da tutela coletiva de direitos e interesses

Na década de 1970, surgem estudos doutrinários[36] que inspiraram a adoção de um sistema judicial capaz de dar respostas adequadas aos conflitos que diziam respeito a coletividades e não a pessoas consideradas singularmente. A experiência norte-americana, com as *class actions*, ofereceu as bases para o funcionamento de um instrumento processual voltado para a tutela dos interesses e direitos de todo o grupo.

Esses estudos produziram eco em nossa doutrina[37], sendo que os reflexos na legislação se iniciaram na década de 80, logo em seu início, com a aprovação de medidas de preservação do meio ambiente, mediante a Lei nº 6.938, de 31 de agosto de 1981, estabelecendo no art. 14, § 1º, a ação civil para responsabilizar o poluidor pela indenização ou reparação dos danos causados ao meio ambiente e a terceiros, independentemente de culpa, bem como a legitimidade do Ministério Público da União e dos Estados, para as ações civil e criminal, sem a previsão, porém, de um sistema processual específico compatível com o propósito de dispensar proteção a interesses e bens primordialmente coletivos. A Lei Complementar nº 40, de 14 de dezembro de 1981, sobre normas gerais de organização dos Ministérios Públicos estaduais,

---

[36] Principalmente por obra de Mauro Capelletti, Vittorio Denti e Andrea Proto Pisani. FLEURY FILHO, Luiz Antonio. "Registros históricos de uma lei com destino transcedental". *A ação civil pública. Após 20 anos: efetividade e desafios*. São Paulo, Ed. Revista dos Tribunais, 2005, p. 366.

[37] DIDIER JR., Fredie e ZANETI JR., Hermes. *Curso de Direito Processual Civil. Processo Coletivo.* Vol. 4, Salvador, Juspodium, 2007, , p. 29.

estabelecia, no art. 3º, III, como função institucional do Ministério Público a ação civil pública, nos termos da lei.

O sistema processual específico de tutela coletiva veio definitivamente com a Lei nº 7.347, de 24 de julho de 1985, despontando como o primeiro e grande sinal da mudança paradigmática que, a partir daí, experimentou acentuado aprimoramento. O projeto inicial era disciplinar a ação civil pública por responsabilidade aos danos causados ao meio ambiente, ao consumidor, a bens e direitos de valor artístico, estético, histórico, turístico e paisagístico, incluído "qualquer outro interesse difuso ou coletivo". No entanto, a expressão final entre aspas foi vetada, sob a alegação de que ela poderia comprometer a segurança jurídica.

A Constituição de 1988 é o grande divisor de águas na consagração do sistema de tutela coletiva, prevendo diversos instrumentos voltados à efetividade dos direitos em geral e rompendo definitivamente com a tradição normativa individualista, praticamente exclusivista de acesso à justiça. Os direitos fundamentais, deslocados para a parte inicial do texto, consistem em direitos e garantias não apenas individuais, mas também coletivos. Entre eles, o acesso à justiça, não mais se restringe à lesão de direito individual, sendo ampliado para qualquer ameaça ou lesão a direito (art. 5º, XXXV). O processo de coletivização dos mecanismos de resolução de conflitos está presente em diversas partes do texto constitucional, a exemplo do mandado de segurança coletivo (art. 5º, LXX), do inquérito civil e da ação civil pública para a proteção do patrimônio público e social, do meio ambiente e de outros interesses difusos e coletivos (art. 129, III).

No ano de 1989, a Lei nº 7.853, de 24 de outubro, sobre proteção às pessoas com deficiência, instituiu a tutela jurisdicional de interesses coletivos e difusos dessas pessoas e a Lei nº 7.913, de 07 de dezembro, dispôs sobre a ação civil pública de responsabilidade por danos causados aos investidores no mercado de valores mobiliários. No ano de 1990, a Lei nº 8.069, de 13 de julho – Estatuto da Criança e Adolescente –, destinou título específico sobre o acesso à justiça, com capítulo destinado à proteção dos interesses individuais, coletivos e difusos. Pouco tempo depois, a Lei nº 8.078, de 11 de setembro – Código de Defesa do Consumidor –, também com título sobre a defesa do consumidor em juízo, incluiu, ao lado das categorias de interesses e direitos difusos e coletivos, os individuais homogêneos e a ação coletiva para a defesa destes últimos.

A Lei nº 8.078/1990 possui especial relevância no sistema de tutela coletiva, tendo reintroduzido a expressão "outros interesses coletivos e difusos" na Lei nº 7.347/1985, que havia sido vetada naquela ocasião, e integrado as disposições dessas duas leis, mediante o reenvio recíproco, para estabelecer um conjunto normativo harmônico, dispondo sobre as ações destinadas à defesa de quaisquer interesses e direitos difusos, coletivos e individuais homogêneos. Foi vetado o art. 89 que aplicava as normas do Título III, Da Defesa do Consumidor em Juízo, no que coubesse, a outros interesses difusos, coletivos e individuais homogêneos. Tal veto, porém, não surtiu qualquer efeito, considerando a mencionada alteração na Lei nº 7.347/1985. Independentemente da discussão do alcance do veto, a ampliação da ação civil pública para qualquer outro interesse difuso ou coletivo já havia sido promovida pela Constituição de 1988, no art. 129, III. Por fim, a Lei nº 8.078/1990 anunciou o compromisso com a tutela dos interesses e direitos ali previstos, admitindo-se todas as ações para lograr sua efetividade (art. 83).

A Lei nº 8.625, de 12 de fevereiro de 1993, e a Lei Complementar nº 75, de 20 de maio de 1993, estabeleceram as normas de organização dos Ministérios Públicos dos Estados e da União, respectivamente, prevendo, de forma ampla, a instauração de inquérito civil e o ajuizamento da ação civil pública, além de diversas garantias para o exercício das funções previstas na Constituição e nas leis atribuídas a essas Instituições.

Após esse período de intensa regulamentação da Constituição para consolidar a tutela coletiva, alguns ataques foram desferidos para frear a utilização da ação civil pública. A Medida Provisória nº 1.570-5, de 21 de agosto de 1997, convertida na Lei nº 9.494, de 10 de setembro do mesmo ano, alterou o art. 16 da Lei nº 7.347/1985, para limitar os efeitos da coisa julgada *erga omnes* à competência territorial do órgão prolator da sentença. Referida limitação foi considerada inconstitucional pelo Supremo Tribunal Federal, ponto que será analisado em tópico próprio. A Medida Provisória nº 2.180-35, de 24 de agosto de 2001, incluiu o parágrafo único no art. 1º da Lei nº 7.347/1985, para excluir do âmbito da ação civil pública pretensões envolvendo tributos, contribuições previdenciárias e outros fundos de natureza institucional, cujos beneficiários podem ser individualmente determinados.

Posteriormente, em prosseguimento ao processo de regulamentação do texto constitucional, foi aprovado o Estatuto do Idoso, por meio da Lei nº 10.741, de 1º de outubro de 2003, atribuindo ao Ministério Público, no art. 74, I, a competência para instaurar inquérito civil público e ajuizar ação civil pública para a defesa dos interesses e direitos difusos e coletivos, individuais indisponíveis e individuais homogêneos.

A Lei do Mandado de Segurança, Lei nº 12.016, de 07 de agosto de 2009, incluiu em suas disposições o mandado de segurança coletivo, para proteção de direitos coletivos e individuais homogêneos. A Lei nº 12.228, de 20 de julho de 2010, que instituiu o Estatuto da Igualdade Social, alterou o art. 13 da Lei nº 7.347/1985, para acrescentar o par. 2º, que trata da destinação da condenação em dinheiro decorrente de dano causado por ato de discriminação étnica.

O Estatuto da Pessoa com Deficiência (Lei nº 13.146/2015) alterou o art. 3º da Lei nº 7.853/1989, substituindo a expressão "ação civil pública" por "medidas judiciais", para a defesa dos interesses coletivos e difusos das pessoas com deficiência, incluindo ao lado desses os interesses individuais homogêneos e individuais indisponíveis.

O Código de Processo Civil (Lei nº 13.105/2015), embora não tenha tratado especificamente das ações coletivas, trouxe muitas inovações, com repercussão no processo em geral, sem comprometer o funcionamento do microssistema de processo coletivo.

A reforma trabalhista, trazida pela Lei nº 13.467/2017, contém dispositivos que podem ser aplicados, se também de acordo com o microssistema processual coletivo. A reforma afeta, além disso, esse microssistema indiretamente, ao por exemplo modificar a estrutura sindical. Como os sindicatos são legitimados para as ações civis públicas, a reforma retirou poder dessas entidades, o que pode repercutir na sua atuação em juízo.

Pode-se constatar a evolução do processo de construção normativa da tutela coletiva, que se iniciou com a Lei de Ação Civil Pública e foi incorporado e ampliado pela Constituição de 1988, convertendo-se esta na principal base do denominado microssistema de tutela coletiva. A tutela coletiva figura como elemento essencial para a Constituição assegurar a efetividade dos direitos nela previstos, mediante as transformações impostas em seu texto.

Para tanto, é necessário que essa construção normativa tenha rigorosa aplicação prática, contribuindo efetivamente para a realização dos princípios e valores constitucionais. O denominado microssistema processual trabalhista prevalece em relação a normas isoladas que são aprovadas e só são incorporadas caso promovam a efetividade da tutela[38].

1.4.2 Interesses difusos, coletivos e individuais homogêneos como espécie do gênero coletivo

Para fins de tutela coletiva, não há diferenciação entre interesses e direitos. É o que estabelece a Lei nº 8.078/1990 ao equiparar interesses e direitos, de acordo com os elaboradores de seu anteprojeto:

> Os termos 'interesses e direitos' foram utilizados como sinônimos, certo é que, a partir do momento em que passam a ser amparados pelo direito, os 'interesses' assumem o mesmo *status* de 'direitos', desaparecendo qualquer razão prática, e mesmo teórica, para a busca de uma diferenciação ontológica entre eles[39].

O conceito de interesses e direitos difusos, coletivos e individuais homogêneos é espécie do gênero *coletivo*. Conforme disposto no art. 81 da Lei nº 8.078, de 1990, a defesa coletiva em juízo será exercida quando se tratar de interesses e direitos difusos, coletivos e individuais homogêneos. O parágrafo único do mesmo artigo estabelece que os interesses ou direitos difusos são transindividuais, de natureza indivisível, de que sejam titulares pessoas indeterminadas e ligadas por circunstâncias de fato; que os interesses ou direitos coletivos são os transindividuais, de natureza indivisível, de que sejam titulares grupo, categoria ou classe de pessoas ligadas entre si ou com a parte

---

[38] COSTA, Marcelo Sampaio Freire. *Curso de Processo Coletivo do Trabalho.* São Paulo: LTr, 2019.

[39] GRINOVER, Ada Pellegrini et al. *Código Brasileiro de Defesa do Consumidor. Comentado pelos Autores do Anteprojeto.* 8·. ed., Rio de Janeiro: Forense Universitária, 2004, p. 800/801.

contrária por uma relação jurídica base; e que os interesses ou direitos individuais homogêneos são os decorrentes de origem comum.

Como espécies do gênero coletivo, há uma linha comum entre eles, pela qual em todas as espécies há algum grau, ou momento, de indeterminação e de indivisibilidade, sendo, obviamente, mais acentuado nos direitos e interesses difusos e menos, nos individuais homogêneos. Da mesma forma, há possibilidade de determinação e particularização em todos eles, evidentemente com maior intensidade nos individuais homogêneos e menor, nos difusos. Em relação aos individuais homogêneos, pode-se dizer que a situação fática é considerada em seu conjunto, em razão da origem comum, mas comporta reparação divisível e determinada.

A dificuldade de enquadramento em uma ou outra categoria de interesses e direitos não pode servir de obstáculo para a determinação de providências necessárias à resolução de problemas que envolvem coletividades de pessoas. A tutela coletiva não comporta delimitações precisas, uma vez que sua consideração gera múltiplas possibilidades. As categorias de interesses e direitos previstas na Lei nº 8.078/1990 são identificadas a partir de parâmetros formais genéricos, mesmo porque não poderia o legislador estabelecer rol exaustivo para enquadramento preciso das situações concretas em cada uma dessas categorias.

Além do mais, pelo que está disposto na lei, deveria ser possível realizar o enquadramento nas categorias enumeradas, mediante análise do tipo de direito ou interesse de que se trata, ou seja, no plano do direito material. Porém, a doutrina defende que *a correta distinção entre eles depende da correta fixação do objeto litigioso do processo (pedido e causa de pedir)*. Assim se posiciona Watanabe:

> É justamente "na transposição do conflito de interesses do plano extraprocessual para o processual e na formulação do pedido de provimento jurisdicional que são cometidos vários equívocos. A tutela de interesses 'coletivos' tem sido tratada, por vezes, como tutela de interesses ou direitos 'individuais homogêneos', e a de interesses ou direitos 'coletivos', que por definição legal são de natureza indivisível, tem sido limitada a um determinado segmento geográfico da sociedade, com uma inadmissível atomização de interesses ou direitos de natureza indivisível"[40].

O parágrafo único do art. 81 da Lei nº 8.078/1990, ao prever as categorias de interesses e direitos que comportam defesa coletiva em juízo, inicia pelos difusos. Suas notas diferenciadoras são a transindividualidade, a indivisibilidade, a indeterminabilidade de seus titulares e a vinculação meramente fática entre eles.

Hugo Nigro Mazzilli[41] destaca, na caracterização dos interesses e direitos difusos, que "compreendem grupos menos determinados (melhor do que pessoas **indeterminadas**, são antes pessoas **indetermináveis**), entre as quais inexiste vínculo jurídico ou fático preciso". Segundo o autor, esses interesses seriam como um "feixe ou conjunto de interesses individuais, de objeto indivisível, compartilhado por pessoas indetermináveis, que se encontram unidas por circunstância de fato conexas".

---

[40] GRINOVER, Ada Pellegrini et al. *Código Brasileiro de Defesa do Consumidor* cit., p. 807 e 811.

[41] MAZZILLI, Hugo Nigro. *A defesa dos interesses difusos em juízo. Meio ambiente, consumidor, patrimônio cultural, patrimônio público e outros interesses*. 18. ed. São Paulo: Saraiva, 2005, p. 50, grifo do original.

Há uma variedade de interesses difusos, que podem ser tão abrangentes quanto o interesse público, ou, de alcance menor, quando se referirem a grupo disperso, que constitui segmento da coletividade geral. Por outro lado, os interesses difusos podem estar em conflito com os interesses da coletividade em geral ou com os interesses do Estado, enquanto pessoa jurídica, ou ainda, em conflito entre si[42].

A possibilidade de não coincidência, em situações específicas, dos interesses difusos com o interesse público ocorre tão apenas *prima facie*. A definição do interesse público para a prática de um ato deve levar em conta as circunstâncias das situações concretas. A ideia de interesse público, embora busque uma unidade, não pode desconsiderar a pluralidade de interesses dos mais diversos segmentos sociais. Nesse contexto, o interesse público é *locus* de convergência e não de segregação e de exclusão. Os interesses e direitos difusos possuem uma inquestionável dimensão de interesse público.

A intensa conflituosidade que marca os interesses e direitos difusos é superada na resolução concreta dos casos, mediante a conciliação com interesses de outra natureza, segundo valores e princípios consagrados na Constituição. A tutela dos interesses e direitos difusos constitui imposição constitucional, como reação a um histórico de intenso desequilíbrio nas relações de poder, que resultou em situações extremamente desfavoráveis a segmentos populacionais, especialmente os não organizados.

A conflituosidade própria dos interesses e direitos difusos não deve ser negada, mas ao contrário detectada, pois é a partir dela que são identificados os problemas que dão ensejo ao manejo dos instrumentos de tutela coletiva previstos na Constituição e nas leis.

---

42 MAZZILI, op. cit., p. 51.

Além disso, é importante a anotação de Ferraz[43], ao se referir aos interesses e direitos dos consumidores. Diz ele:

> Na verdade, a defesa do interesse difuso do consumidor não se faz pela proteção de uma determinada coisa, material ou corpórea, mas de *princípios*, ou *valores*, necessários para preservar o equilíbrio nas relações de consumo, compensando-se a situação de inferioridade em que se encontra o consumidor isolado perante as grandes empresas e o próprio Estado, inferioridade essa que se acentuou dramaticamente, com a produção em massa, com velocidade e intensidade da publicidade, com as práticas de monopólio, com os contratos de adesão.

Os interesses e direitos coletivos, segundo o parágrafo único do art. 81 da Lei nº 8.078/1990, *são* transindividuais, de natureza indivisível e seus titulares são grupo, categoria ou classe de pessoas ligadas entre si ou com a parte contrária por uma relação jurídica base.

Esclarece Mazzilli que os interesses e direitos coletivos, no sentido amplo, referem-se a "interesses transindividuais". A Constituição trata desses interesses, por exemplo, no Título II, quando menciona *direitos coletivos*. Da mesma forma, no art. 129, III, quando menciona *interesses coletivos*. O Código de Defesa do Consumidor também utiliza o conceito amplo de interesses coletivos. Ao mesmo tempo, introduziu o conceito de interesses e direitos coletivos no sentido estrito, que "são interesses transindividuais indivisíveis de um grupo

---

[43] FERRAZ, Antonio Augusto Mello de. "Considerações sobre interesse social e interesse difuso". *A ação civil pública* cit., p. 70.

determinado ou determinável de pessoas, reunidas por uma relação jurídica básica comum"[44].

Os interesses coletivos não devem ser tratados como soma de interesses individuais, mas como síntese desses interesses. Os genuínos *interesses coletivos* dão origem a nova realidade, diversa da soma dos interesses individuais. Consequentemente, não comportam trato por parcelas, pois exigem respostas para o conjunto da situação. Ao mesmo tempo, os interesses coletivos não eliminam as individualidades que o formam. O âmbito do *coletivo*, ainda que não coincida com a reunião das diversas partes que o compõem, não passa a ter vida própria desvinculada das individualidades que o concebem. A autonomia absoluta do *coletivo* levaria à anulação ou ao desaparecimento dos sujeitos que fundam a coletividade, com perda da própria identidade do grupo.

Por fim, os interesses e direitos individuais homogêneos, segundo o parágrafo único do art. 81 da Lei nº 8.078/1990, são aqueles de origem comum.

Mazzilli acrescenta que os interesses e direitos individuais homogêneos "são aqueles de grupo, categoria ou classe de pessoas determinadas ou determináveis, que compartilhem prejuízos divisíveis, de origem comum, normalmente oriundos das mesmas circunstâncias de fato"[45].

Os interesses e direitos individuais homogêneos não deixam de ser titularizados pela coletividade, indivisivelmente considerada. O pedido deduzido na ação civil pública em defesa de direitos individuais homogêneos volta-se para a tutela indivisível do bem, que se traduzirá

---

[44] MAZZILLI, Hugo Nigro. *A defesa dos interesses difusos em juízo* cit., p. 52.

[45] MAZZILLI, Hugo Nigro. *A defesa dos interesses difusos em juízo* cit., p. 53.

numa condenação global (genérica). É somente nas fases de liquidação e execução que a divisibilidade passa a evidenciar-se.

A *origem comum*, como indicadora da homogeneidade, para fins de tutela coletiva, se faz presente pelo simples fato de a tutela coletiva proporcionar vantagens na satisfação dos interesses e direitos vulnerados. A ausência de *homogeneidade*, que afastaria a tutela coletiva, é somente aquela decorrente de situações tão díspares, a ponto de praticamente inviabilizar a tutela coletiva.

Mazzilli destaca que, em sentido amplo, "os interesses individuais homogêneos não deixam de ser também interesses coletivos". Tanto os interesses individuais homogêneos quanto os difusos são decorrentes "de circunstâncias de fato comuns". Enquanto nos difusos, os titulares e o objeto são indivisíveis, nos individuais homogêneos, os titulares são "determinados ou determináveis" e o "dano ou a responsabilidade se caracterizam por sua extensão divisível ou individualmente variável entre os integrantes do grupo"[46].

Mazzilli[47] assinala mais algumas dificuldades conceituais:

> (...) não nos parece correto dizer que só os interesses individuais homogêneos sejam verdadeiramente *transindividuais*. Os interesses coletivos, em sentido estrito, também são propriamente individuais, pois, posto indivisíveis, admitem que cada lesado promova sua defesa individual em juízo, no que lhe diga respeito. Assim, uma cláusula abusiva inserida em contrato de adesão pode ser atacada por meio de ação civil pública (em proveito de todo o grupo lesado); entretanto, uma única pessoa também pode ajuizar ação individual para obter a

---

[46] MAZZILLI. Op. cit., p. 54.

[47] MAZZILLI. Op. cit., p. 57, grifo do original.

nulidade dessa mesma cláusula (apenas em seu exclusivo benefício). Por outro lado, até mesmo os interesses difusos são transindividuais, pois, embora não permitam sua defesa estritamente individual em juízo, na verdade não passam de interesses individuais compartilhados por um grupo indeterminável de lesados.

Marcio Flávio Mafra Leal[48], de maneira semelhante, suscita dúvidas acerca da categorização legal dos interesses e direitos difusos, coletivos e individuais homogêneos:

> A *transindividualidade*, assim como a *indivisibilidade*, por exemplo, é uma característica do direito difuso no seu aspecto material (art. 81, único, I *supra)*, que ***não*** é a mesma ***transindividualidade*** e ***indivisibilidade*** dos interesses e direitos coletivos (art. 81, único, II e III *supra)*, que é tão somente *processual*. Para este último, essas características decorrem da formação uniforme sobre a classe da *coisa julgada* e não do direito material em si.

Como mencionado, as dificuldades de se efetuar o enquadramento exato das violações ao ordenamento jurídico nas categorias previstas na Lei nº 8.078/1990 não devem comprometer a tutela desses direitos e interesses. Pelo contrário, a tutela é exigida, independentemente da categoria na qual eles se incluam.

Como adverte Cassio Scarpinella Bueno[49]:

---

[48] LEAL, Márcio Flávio Mafra. *Ações coletivas. História, Teoria e Prática*, Porto Alegre: SAFE, 1998, p. 190.

[49] Tutela coletiva em juízo: uma reflexão sobre a alteração proposta para o art. 81, parágrafo único, inciso III, do CDC. *Revista do Advogado*, n. 114, p. 18 a 30.

> (...) os direitos e interesses difusos, tanto quanto os coletivos e os individuais homogêneos, não são classes ou tipos de direitos preconcebidos ou estanques, não interpenetráveis ou relacionáveis entre si. São – é esta a única forma de entender, para aplicar escorreitamente a classificação feita pela lei brasileira – formas preconcebidas, verdadeiros modelos apriorísticos, que justificam, na visão abstrata do legislador, a necessidade da tutela jurisdicional coletiva. Não devem ser interpretados, contudo, como realidades excludentes umas das outras, mas, bem diferentemente, como complementares.

Sendo assim, não há óbice a que interesses ou direitos difusos, coletivos ou individuais homogêneos sejam objeto de ação individual, no que diz respeito a situação particularizada de cada vítima. Esse fato não compromete o caráter coletivo desses interesses e direitos a ser tutelado pela ação civil pública. Por essa razão, a afirmação de que os titulares dos interesses e direitos difusos são pessoas indeterminadas, como faz a Lei nº 8.078/1990, deve ser lida considerando-se as comunidades e coletividades e não as pessoas indeterminadas que delas fazem parte. A indivisibilidade refere-se a essa titularidade[50].

Na esfera trabalhista, Nelson Nery Junior[51] ressalta o pioneirismo da Consolidação das Leis do Trabalho na tutela dos interesses e direitos transindividuais em juízo, por meio da ação de dissídio coletivo. De fato, esse pioneirismo decorreu da própria característica do Direito do Trabalho e de sua importância para a coletivização dos interesses.

---

[50] GIDI, Antonio. *Coisa julgada e litispendência em ações coletivas: mandado de segurança coletivo, ação coletiva de consumo, ação coletiva ambiente, ação civil pública, ação popular.* São Paulo: Saraiva, 1995, p. 22/23.

[51] "Ação civil pública no processo do trabalho". *Ação civil pública. Lei 7.347/1985 - 15 anos depois.* Coord. Édis Milaré. 2ª. Ed. São Paulo: Revista dos Tribunais, 2000, p. 599-622.

Na área trabalhista verificam-se também discussões acerca do enquadramento dos interesses e direitos nas categorias *difusos*, *coletivos* e *individuais homogêneos*.

A título de exemplo, Raimundo Simão de Melo[52], ao tratar dos interesses e direitos individuais homogêneos, diverge do enquadramento feito por Carlos Henrique Bezerra Leite, nas seguintes situações:

> a) exigência do empregador de atestados de esterilização para empregadas da empresa; b) procedimento lesivo ao empregador contra empregados que contra si tenham ajuizado reclamação trabalhista; c) permissão de trabalho perigoso ou insalubre a menores de 18 anos e de qualquer trabalho a menores de 14 (agora 16) anos; d) tratamento discriminatório do empregador no tocante ao trabalho manual, técnico ou intelectual realizado por seus empregados.

Segundo Melo:

> Essas hipóteses, para nós, são todas, ***data venia***, de interesses coletivos porque, em princípio, requerem uma atuação na busca da imposição de uma obrigação de fazer ou não fazer, que não podem ser efetivadas individualmente pelos trabalhadores lesados, com um efeito geral para todos os supostos prejudicados.

Como se percebe, são posições conceituais distintas, mas que não comprometem a tutela coletiva, na medida em que o debate se situa no gênero *coletivo*.

---

[52] MELO, Raimundo Simão de. *Ação civil pública na Justiça do Trabalho*. 4. ed. São Paulo: LTr, 2012, p. 34.

INQUÉRITO CIVIL

2.1 Inquérito civil no âmbito do Ministério Público do Trabalho

2.1.1 Localização e estrutura do Ministério Público na Constituição de 1988

O Ministério Público integra o Título IV da Constituição de 1988, sobre a organização dos poderes, Capítulo IV, que trata das funções essenciais à Justiça. Esse capítulo abrange o Ministério Público (Seção I) e a Advocacia Pública (Seção II), no que se refere à Advocacia da União e aos Procuradores dos Estados.

O Ministério Público não é enquadrado como um Poder na Constituição, embora ocupe um lugar de destaque na organização do Estado. Trata-se de instituição constitucional permanente, fundamental para a configuração do Estado brasileiro nos moldes previstos na

Constituição e defesa dos direitos nela contidos, sendo protagonista das transformações decorrentes da realização dos valores constitucionais. É essencial à função jurisdicional do Estado, incumbindo-lhe a defesa da ordem jurídica, do regime democrático e dos interesses sociais e individuais indisponíveis (art. 127/CF).

O Ministério Público da União, integrado pelo Ministério Público Federal, Ministério Público do Trabalho, Ministério Público Militar e Ministério Público do Distrito Federal e Territórios, em conjunto com os Ministérios Públicos estaduais formam o Ministério Público brasileiro. Leis Complementares da União e dos Estados definem a organização, as atribuições e o estatuto de cada Ministério Público. A Lei nº 8.625, de 12 de fevereiro de 1993, é a Lei Orgânica do Ministério Público, que estabelece normas gerais dos Ministérios Públicos dos Estados. A Lei Complementar nº 75, de 20 de maio de 1993, é a Lei Orgânica do Ministério Público da União. As atribuições e o estatuto de cada Ministério Público estadual estão previstos em leis complementares dos estados correspondentes.

Os integrantes do Ministério Público são *agentes políticos*[53]. Em sentido amplo, *agente político* é o agente de poder que concentra diversas prerrogativas diretamente da Constituição no intuito de cumprir funções relevantes para a sociedade brasileira. Tal enquadramento não é pacífico, pois há quem atribua à expressão *agente político* significado restrito, incluindo em seu conceito apenas os chefes dos executivos e os membros dos legislativos[54].

---

[53] MEIRELLES, Hely Lopes. *Direito Administrativo brasileiro.* 24. ed. São Paulo: Malheiros, 1999, p. 367.

[54] MELLO, Celso Antônio Bandeira de. *Curso de Direito Administrativo.* 11. ed. São Paulo: Malheiros, 1999, p. 178.

O Conselho Nacional do Ministério Público foi criado pela Emenda Constitucional nº 45/2004. É composto por quatorze membros nomeados pelo Presidente da República e aprovados pelo Senado Federal, sendo, além do Procurador-Geral da República que o preside, quatro membros do Ministério Público da União, três membros do Ministério Público dos Estados, dois juízes, um indicado pelo Supremo Tribunal Federal e outro pelo Superior Tribunal de Justiça, dois advogados indicados pelo Conselho Federal da OAB e dois juristas, um indicado pela Câmara e outro pelo Senado.

Ao Conselho Nacional cabe o controle da atuação administrativa e financeira do Ministério Público, zelar por sua autonomia funcional e administrativa, além do cumprimento dos deveres funcionais de seus membros. A Constituição prevê para o Conselho a expedição de atos regulamentares, o controle da legalidade dos atos administrativos praticados pelos membros do Ministério Público, podendo desconstituí-los, revê-los ou fixar prazo para que se adotem as providências necessárias ao cumprimento da lei, o poder de aplicar sanções administrativas e rever os processos disciplinares julgados há menos de um ano. O Conselho possui dezenas de resoluções tratando de temas de interesse da instituição como proibição de nepotismo, concurso público e atividade jurídica, teto remuneratório, atividade de magistério, vedações à atividade político-partidária e à advocacia e controle externo da atividade policial.

2.1.2 Princípios institucionais do Ministério Público

Os princípios institucionais do Ministério Público estão enumerados no art. 127, § 1º, da Constituição: unidade, a indivisibilidade e a independência funcional. Tais princípios orientam a atividade do Ministério Público a alcançar os resultados previstos no ordenamento jurídico. "Sua observância é cogente e qualquer ato que destoar deles será inválido"[55].

O princípio da unidade significa que o Ministério Público constitui um único órgão. Há uma identidade do Ministério Público como instituição e seus membros são identificados não individualmente, mas como integrantes do mesmo organismo. A atuação individual de um membro corresponde à atuação de todo o órgão.

Não há unidade entre Ministérios Públicos de Estados distintos, nem entre Ministério Público estadual e o Ministério Público da União.

A unidade entre os ramos do Ministério Público da União não está muito clara, embora algumas práticas apontem a tal direção. Por exemplo, quando outro ramo do Ministério Público que não o Federal atua no Supremo Tribunal Federal e no Superior Tribunal de Justiça. Esses tribunais, na prática, vêm entendendo pela aplicação da unidade entre os ramos do Ministério Público da União. Assim, se há um recurso do Ministério Público do Trabalho no Supremo Tribunal Federal, as intimações são dirigidas ao Ministério Público Federal, pois o Procurador-Geral da República é o órgão do Ministério Público que, segundo a Lei Complementar nº 75/1993, atua perante aquele Tribunal. Esse entendimento era aplicado inclusive aos Ministérios Públicos estaduais, porém foi alterado, considerando tratar-se de órgãos integrantes de unidades distintas da federação. O Ministério Público do Distrito Federal e Territórios passou a ser admitido nesses tribunais, por uma razão de simetria com os Ministérios Públicos estaduais, mas não os demais ramos do Ministério Público da União[56].

---

[55] JATAHY, Carlos Roberto de Castro. *Curso de princípios institucionais do Ministério Público*. 4. ed. Rio de Janeiro: Lumen Juris, 2009, p. 123.

[56] STF-RE 985392. Tema de RG nº 946. DJe de 10/11/2017.

O princípio da indivisibilidade está relacionado com o da unidade, mas geralmente é aplicado para evidenciar que a substituição de um membro por outro numa causa não acarreta alteração subjetiva na atuação processual ou extraprocessual. O princípio da indivisibilidade não vincula os pronunciamentos dos agentes do Ministério Público, no sentido de obrigar um membro da Instituição que substitui outro a observar a mesma linha de pensamento de seu antecessor. A rigor, nada impede que a atuação como parte não coincida com a atuação como *custos iuris*, embora muitas vezes esse antagonismo não seja conveniente como estratégia de fortalecimento institucional.

A independência funcional, por sua vez, significa que, na atuação funcional, o membro do Ministério Público age sem qualquer imposição superior, isto é, não há hierarquia funcional. A independência resguarda a atuação dos membros de acordo com suas próprias convicções e contra possíveis pressões com o objetivo de impedi-las ou desviá-las, sejam elas de origem externa ou interna. Apenas em questões administrativas, é possível reconhecer poderes diferenciados aos Procuradores-Chefes e ao Procurador-Geral. Isso significa que não há aprovação de pareceres ou de outras peças elaboradas pelos membros. Esta aprovação se verifica apenas no Supremo Tribunal Federal, pois naquele Tribunal oficia o Procurador-Geral da República e, por sua alegação, os Subprocuradores-Gerais.

2.1.3 Funções institucionais do Ministério Público

O art. 127 da Constituição prevê as hipóteses gerais de atuação do Ministério Público, [n]a defesa da ordem jurídica, do regime democrático e dos interesses sociais e individuais indisponíveis.

O art. 129 especifica, sem esgotá-las, algumas funções institucionais que integram a atuação geral. Relacionados ao presente estudo, citam-se o inciso III, que prevê instrumentos de atuação do Ministério Público: o inquérito civil e a ação civil pública, para a proteção do patrimônio público e social, do meio ambiente e de outros interesses difusos e coletivos; o inciso VI, que confere ao Ministério Público o poder de expedir notificações nos procedimentos administrativos de sua competência, requisitando informações e documentos para instruí-los, na forma da lei complementar respectiva; o inciso IX, encarrega ao Ministério Público o exercício de outras funções que lhe forem conferidas, desde que compatíveis com sua finalidade, sendo-lhe vedada a representação judicial e a consultoria jurídica de entidades públicas.

As ações civis previstas para o Ministério Público não impedem as de terceiros nas mesmas hipóteses, segundo o disposto na Constituição (§ 1º do art. 129). Os direitos e interesses pelos quais compete ao Ministério Público zelar possuem relevância social e a legitimação concorrente para reivindicar sua observância vem como reforço. Além disso, a atuação do Ministério Público não é residual, no sentido de legitimação restrita a situações em que não cabe a atuação de particulares ou outros atores sociais. O fato de uma ação poder ser ajuizada por outro legitimado não acarreta exclusão de providências que o órgão do Ministério Público julgar cabíveis.

2.1.4 Ministério Público do Trabalho. Previsão do Ministério Público do Trabalho nas Constituições e nas leis

O Ministério Público do Trabalho surgiu como órgão oficiante junto à Justiça do Trabalho. Seu nascimento ocorreu simultaneamente ao da Justiça especializada, pertencente ao Poder Executivo até durante a vigência da Constituição de 1937.

O Decreto-Lei nº 1.237/1939 organizou a Justiça do Trabalho em três instâncias administrativas: Conselho Nacional do Trabalho,

Conselhos Regionais e Juntas de Conciliação e Julgamento. No Conselho Nacional existiam duas câmaras: a da Justiça do Trabalho e a da Previdência Social, em cada uma funcionava um Procurador-Geral. Nos Conselhos Regionais funcionava um Procurador Regional.

A Consolidação das Leis do Trabalho, nos arts. 736 e seguintes, qualificou os membros do Ministério Público do Trabalho como agentes do Poder Executivo. Sua atuação era regida pela referida Consolidação, aplicando-se supletivamente as regras dirigidas ao Ministério Público Federal. Não havia previsão de concurso para ingresso na carreira.

A Consolidação das Leis do Trabalho estabelecia, para o Ministério Público do Trabalho, atribuições mais voltadas para a coordenação entre a Justiça do Trabalho e o Ministério do Trabalho, Indústria e Comércio. Destacavam-se, entre elas, a elaboração de pareceres nos processos, a atuação nos dissídios individuais em favor de menores de idade sem representantes legais e nos dissídios coletivos.

Tratava-se de uma atuação eminentemente processual, parecerista, cuja manifestação se dava em todos os casos apreciados pelos tribunais trabalhistas, independentemente da relevância da matéria discutida ou da natureza das partes.

A previsão de um Ministério Público junto à Justiça do Trabalho no plano constitucional coincide com a integração da Justiça do Trabalho ao Poder Judiciário na Constituição de 1946. Na vigência daquela Constituição, a Lei nº 1.341, de 30/01/1951, disciplinou o Ministério Público da União, fazendo menção, em diversos dispositivos, ao Ministério Público na Justiça do Trabalho. A lei exigiu aprovação em concurso público para ingresso na carreira. Não obstante, o primeiro concurso para membros neste ramo ocorreu somente no ano de 1981.

A lei orgânica estabeleceu como órgãos do Ministério Público da União junto à Justiça do Trabalho o Procurador-Geral da Justiça do Trabalho, os Procuradores do Trabalho de primeira e segunda categorias e os Procuradores do Trabalho adjuntos, como cargo inicial da carreira.

2.1.5 O Ministério Público do Trabalho na Lei Complementar nº 75, de 20/05/1993

São órgãos do Ministério Público do Trabalho: o Procurador-Geral do Trabalho; o Colégio de Procuradores do Trabalho; o Conselho Superior do Ministério Público do Trabalho; a Câmara de Coordenação e Revisão do Ministério Público do Trabalho; a Corregedoria do Ministério Público do Trabalho; os Subprocuradores-Gerais do Trabalho; os Procuradores Regionais do Trabalho; e os Procuradores do Trabalho.

O Procurador-Geral do Trabalho é o representante do Ministério Público do Trabalho. Exerce suas funções junto ao Plenário do Tribunal Superior do Trabalho, incumbindo-lhe propor as ações cabíveis e manifestar nos processos de sua competência. É membro nato do Conselho Superior e seu Presidente. Como chefe da instituição, detém atribuições de caráter administrativo, financeiro e de pessoal, além de coordenar as atividades do Ministério Público do Trabalho em geral.

O Colégio de Procuradores vota a lista tríplice para a escolha do Procurador-Geral e as listas sêxtuplas para a escolha dos Procuradores que integrarão o quinto constitucional do Tribunal Superior do Trabalho e dos Tribunais Regionais do Trabalho. Além disso, elege quatro membros do Conselho Superior. O Procurador-Geral possui a faculdade de consultar o Colégio em questões relevantes ou mesmo de convocá-lo nos termos da lei complementar.

O Conselho Superior do Ministério Público do Trabalho é composto por dez membros, o Procurador-Geral, o Vice e mais oito subprocuradores, quatro escolhidos pelo Colégio de Procuradores e quatro por seus pares, para um mandato de dois anos, permitida uma reeleição. O Conselho Superior exerce o poder normativo no âmbito do Ministério Público do Trabalho.

A Câmara de Coordenação e Revisão é órgão de coordenação, integração e revisão do exercício funcional. É formada por três membros, sendo um Coordenador. A Câmara dá suporte técnico às atividades do Ministério Público, sem afrontar o princípio da independência funcional, além de resolver sobre distribuição especial de feitos e decidir os conflitos de atribuição entre os órgãos do Ministério Público do Trabalho, de cuja decisão cabe recurso para o Procurador-Geral. A Câmara examina e delibera sobre o arquivamento do inquérito civil ou do procedimento preparatório, nos termos da Resolução nº 69, de 12/12/2007, do Conselho Superior, atribuição que antes era do próprio Conselho Superior. A Resolução nº 130 do Conselho Superior do Ministério Público criou subcâmaras temáticas de Coordenação e Revisão.

A Corregedoria do Ministério Público do Trabalho é o órgão fiscalizador das atividades funcionais e da conduta dos membros do Ministério Público.

Os Subprocuradores-Gerais atuam no Tribunal Superior do Trabalho, cabendo a eles o exercício privativo dos cargos de Vice-Procurador-Geral, Corregedor e Coordenador da Câmara de Coordenação e Revisão. São lotados nos ofícios da Procuradoria-Geral do Trabalho. Os Procuradores Regionais oficiam junto aos Tribunais Regionais do Trabalho, assim como os Procuradores do Trabalho que, além disso, oficiam em litígios trabalhistas no primeiro grau.

Em consulta ao Colégio de Procuradores, como prevê a LC nº 75/1993, 06 (seis) matérias foram eleitas prioritárias: erradicação do trabalho escravo e degradante; erradicação do trabalho infantil e a proteção do trabalho do adolescente; combate à discriminação nas relações de trabalho; defesa da saúde do trabalhador e do meio ambiente de trabalho sadio; combate às fraudes nas relações de trabalho; e combate às irregularidades trabalhistas na Administração Pública. Posteriormente, mais duas áreas foram incluídas, trabalho portuário e aquaviário e liberdade sindical.

Como atribuições do Ministério Público do Trabalho junto aos órgãos da Justiça do Trabalho, prevê a lei, no art. 83, promover as ações que lhe sejam atribuídas pela Constituição Federal e pelas leis trabalhistas e entre outras atribuições enumeradas, destaca-se a de promover a ação civil pública no âmbito da Justiça do Trabalho, para defesa de interesses coletivos, quando desrespeitados os direitos sociais constitucionalmente garantidos (inc. III).

A lei prevê, ainda, no art. 84, no âmbito das atribuições do Ministério Público do Trabalho, o exercício das funções institucionais previstas nos Capítulos I, II, III e IV do Título I, destacando a instauração de inquérito civil e de outros procedimentos administrativos, sempre que cabíveis, para assegurar a observância dos direitos sociais dos trabalhadores (inc. II); requisitar à autoridade administrativa federal competente, dos órgãos de proteção ao trabalho, a instauração de procedimentos administrativos, podendo acompanhá-los e produzir provas (inc. III); ser cientificado pessoalmente das decisões proferidas pela Justiça do Trabalho, nas causas em que o órgão tenha intervindo ou emitido parecer escrito (inc. IV).

2.2 Considerações gerais sobre o inquérito civil trabalhista

O inquérito civil conduzido pelo Ministério Público do Trabalho encontra previsão expressa no art. 84, II, da Lei Complementar nº 75/1993, que especifica, entre suas funções institucionais instaurar inquérito civil e outros procedimentos administrativos, sempre que cabíveis, para assegurar a observância dos direitos sociais dos trabalhadores.

Trata-se de desdobramento da previsão do art. 129, III, da Constituição, que enumera entre as funções institucionais do Ministério Público promover o inquérito civil e a ação civil pública, para a proteção do patrimônio público e social, do meio ambiente e de outros interesses difusos e coletivos.

O Conselho Nacional do Ministério Público aprovou a Resolução nº 23, de 17/09/2007, que regulamenta os arts. 6º, VII, e 7º, I, da Lei Complementar nº 75/1993 e os arts. 25, IV, e 26, I, da Lei nº 8.625/1993, disciplinando, no âmbito do Ministério Público, a instauração e tramitação do inquérito civil.

O Conselho Superior do Ministério Público do Trabalho aprovou, em seguida, a Resolução nº 69, de 12/12/2007, tratando da instauração e tramitação do inquérito civil no âmbito do Ministério Público do Trabalho. Posteriormente, referida resolução foi alterada pelas Resoluções nº 87, de 27/08/2009; nº 99, de 25/08/2011; nº 100, de 29/09/2011; nº 118, de 07/10/2014 e nº 125 de 17/03/2016. A Resolução nº 69/2007 chegou a ser revogada pela Resolução nº 166, de 10/05/2019. Contudo, a Resolução nº 166 teve a sua vigência suspensa por prazo indeterminado, de modo que permanecem as disposições da Resolução nº 69 até deliberação do Conselho Superior.

Segundo Raimundo Simão de Melo[57], o inquérito civil trabalhista consiste em "procedimento administrativo e inquisitorial, informal" adotado pelo Ministério Público do Trabalho para investigar práticas que violam o ordenamento jurídico. O inquérito se destina a "colher elementos de convicção para ajuizamento da Ação Civil Pública ou de qualquer outra medida judicial". O procurador responsável, convencido das violações cometidas, pode propor ao inquirido o ajustamento de conduta para o cumprimento das normas violadas. Segundo o autor, como procedimento informal, não se aplica o contraditório e a ampla defesa. Trata-se de instrumento de atuação exclusiva do Ministério Público do Trabalho e não constitui condição para o ajuizamento de medida judicial.

O Supremo Tribunal Federal já confirmou essa natureza do inquérito civil, ao estabelecer que "(...) as garantias constitucionais da ampla defesa e do contraditório não são aplicáveis na fase do inquérito civil, que tem natureza administrativa, de caráter pré-processual, e somente se destina à colheita de informações para propositura da ação civil pública"[58].

Contudo, nos últimos tempos cresceu a tendência de se estabelecer garantias aos inquiridos, sobretudo mediante a participação e acesso de advogados aos elementos da investigação, conforme previsto na Resolução do Conselho Nacional do Ministério Público nº 161, de 21 de fevereiro de 2017, que alterou a mencionada Resolução nº 23.

---

[57] MELO, Raimundo Simão de. *Ação civil pública* cit., p. 59.

[58] RE 481.955-AgR, voto da Rel. Min. Cármen Lúcia, jj. 10/05/2011, Primeira Turma, DJe de 26/05/2011.

2.3 Instauração

De acordo com o art. 1º da citada Resolução nº 69/2007, o inquérito civil é unilateral e facultativo e será instaurado para apuração de fato que leve à tutela de interesses e direitos pelo Ministério Público do Trabalho. O inquérito possui caráter preparatório para "o exercício das atribuições inerentes às suas funções institucionais". O parágrafo único esclarece que o inquérito não constitui condição necessária para a adoção de medidas e exercício das atribuições da Instituição.

O inquérito pode ser instaurado de ofício ou mediante representação ou requerimento, de qualquer pessoa ou autoridade, sem formalidades específicas, a não ser a de informar o fato e a provável autoria, devendo ser distribuída a representação, por sorteio, em caso de haver mais de um procurador na unidade em que será instaurado.

Considerando a probabilidade de o empregador retaliar empregados que oferecem denúncias de violações ao ordenamento jurídico, para a preservação da integridade do denunciante e de seus direitos, poderá ser decretado o sigilo de seus dados, que ficarão acautelados em Secretaria (art. 2º, § 5º, R. 69/2007, CSMPT). A decretação de sigilo para preservação do denunciante e de seus direitos não equivale à denúncia anônima, uma vez que aquela não se refere ao art. 5º, IV, da Constituição que enumera entre os direitos fundamentais, a *livre manifestação do pensamento, sendo vedado o anonimato*.

A alegação de que o sigilo em relação à pessoa do denunciante não poderia ser decretado, por ser direito do empresário o conhecimento da autoria da denúncia não procede. Trata-se de entendimento que inibiria o encaminhamento de denúncias à Instituição e, consequentemente, a adoção das providências para adequação da situação ao ordenamento jurídico[59]. A Lei de Acesso a Informações, Lei nº 12.527, de 18/11/2011, não dá respaldo a pretensões de empregadores para a quebra do sigilo decretado no inquérito civil em relação à pessoa do denunciante. Ao contrário, ela determina o fornecimento de informações para a tutela administrativa ou judicial dos direitos fundamentais (art. 21) e não exclui as hipóteses legais de sigilo e de segredo de justiça (art. 22). A alegação de que o sigilo sobre a pessoa do denunciante de violação a direitos trabalhistas contraria referida lei desvirtua o espírito da norma.

A Resolução nº 69/2007 prevê a denúncia anônima (art. 2º, § 6º), que não inviabilizará as providências necessárias para apurar as irregularidades apontadas, desde que observadas as exigências para as representações em geral. Esse dispositivo poderia dar margem a discussões, considerando a vedação do anonimato mencionada no inciso IV do art. 5º da Constituição. Porém, como já ressaltado, trata-se de hipótese distinta, uma vez que não se está no campo da liberdade de pensamento, mas da comunicação de violação a direitos. O receio de se expor faz com que vários trabalhadores optem por denúncias anônimas. O anonimato, associado a outros elementos, pode reforçar a convicção do Procurador acerca do arquivamento da denúncia, mas não como justificativa isolada, nos termos do mencionado dispositivo da resolução.

A representação pode ser indeferida no prazo de trinta dias, em decisão fundamentada, dando-se ciência ao representante, por via postal ou correio eletrônico, quando os fatos não se relacionarem a interesses e direitos suscetíveis de tutela pelo Ministério Público do Trabalho; quando já forem objeto de investigação ou ação civil pública; quando já estiverem solucionados; ou quando não for

---

[59] A título de exemplo, cita-se o processo TST 2ª Região 0001747-80.2012.5.02.0002.

possível localizar o denunciado. Caberá recurso administrativo no prazo de dez dias à Câmara de Coordenação e Revisão do Ministério Público do Trabalho, com abertura de prazo ao representado para o oferecimento de contrarrazões. Não havendo recurso no prazo previsto, a representação será arquivada na própria origem, sem remessa, nesse caso, à Câmara de Coordenação e Revisão do Ministério Público do Trabalho, para fins de homologação do arquivamento. Fica a critério do Procurador que determina o arquivamento prévio da representação comunicação ou não ao denunciado, considerando a necessidade de resguardar o empregado.

A instauração do inquérito civil está disciplinada no art. 4º da Resolução nº 69/2007. Ela se dá por portaria numerada e registrada em livro próprio, devendo conter descrição do fato que será investigado, bem como fundamento legal da atuação do Ministério Público do Trabalho, nome e qualificação do inquirido e, se for o caso, do autor da representação, data e local da instauração, com a determinação das diligências iniciais, a designação de secretário e, por fim, com a determinação de afixar a portaria em quadro acessível ao público e remessa para publicação.

Ao lado da previsão do inquérito civil, há a possibilidade de abertura de procedimento preparatório destinado à complementação de informações acerca da identificação do investigado ou do objeto, que receberá numeração sequencial à do inquérito civil em sistema próprio, mantendo a mesma numeração em caso de sua conversão em inquérito. O prazo para o procedimento preparatório é de noventa dias, prorrogável apenas uma vez pelo mesmo período, havendo justificativas. Findo o prazo, o procedimento será arquivado, a ação civil pública será ajuizada diretamente ou será convertido em inquérito civil.

2.4 Instrução do Inquérito civil no Ministério Público do Trabalho

O objeto de apuração no inquérito civil alcança a coleta de fatos e provas alusivos a tudo que possa ter relação com a violação denunciada, para a formação da convicção do Procurador que conduz o inquérito, adoção das providências necessárias à cessação dos atos desconformes com o ordenamento jurídico, bem como prevenção de sua repetição e a previsão das reparações dos danos, seja por meio de termo de ajuste de conduta, seja por meio da ação civil pública.

A Resolução nº 69/2007 do CSMPT autoriza a criação de grupo especial de trabalho para investigar casos complexos para atuação uniforme em diferentes localidades.

Há a possibilidade de decretação de sigilo parcial ou total, como exceção ao princípio da publicidade dos atos, para não acarretar prejuízo na investigação, mediante motivação (art. 7º da Res. 69). A publicidade inclui concessão de vista dos autos, mediante requerimento fundamentado do interessado ou seu procurador, legalmente constituído, podendo ser deferido total ou parcialmente (art. 7º, § 2º, V, Res. 69), porém sem carga dos autos do procedimento preparatório ou do inquérito civil (art. 7º, § 3º).

A Lei nº 8.906, de 04/07/1994, assegurava no art. 7º, XIV, o direito dos advogados de "examinar em qualquer repartição policial, mesmo sem procuração, autos de flagrante e de inquérito, findos ou em andamento, ainda que conclusos à autoridade, podendo copiar peças e tomar depoimentos". Essa previsão foi ampliada pela Lei nº 13.245, de 12/01/2016, nos seguintes termos: examinar, em qualquer instituição responsável por conduzir investigação, mesmo sem procuração, autos de flagrante e de investigações de qualquer natureza, findos ou em andamento, ainda que conclusos à autoridade, podendo copiar peças e tomar depoimentos, em meio físico ou digital.

A leitura de tal dispositivo deve ser associada ao § 11:

> No caso previsto no inciso XIV, a autoridade competente poderá delimitar o acesso do advogado aos elementos de prova relacionados a diligências em andamento e ainda não documentados nos autos, quando houver risco de comprometimento da eficiência, da eficácia ou da finalidade das diligências.

Ou seja, a lei não alterou as garantias para que a investigação seja finalizada e logre reunir os elementos necessários à identificação de ilicitudes praticadas.

A investigação no campo trabalhista, como em outras áreas, não comporta a possibilidade de abertura a um contraditório amplo, na medida em que pode inviabilizar a coleta de provas, especialmente junto aos empregados da investigada.

A mencionada lei incluiu no mesmo artigo o inciso XXI, com o direito de os advogados assistirem aos investigados durante sua tramitação, "sob pena de nulidade absoluta do respectivo interrogatório ou depoimento" e dos demais atos daí derivados, podendo, inclusive, no curso da respectiva apuração, a) apresentar razões e quesitos.

No âmbito trabalhista, é importante diferenciar quem fala em nome da empresa na condição de testemunha e como investigado. Apenas, neste último caso, é recomendável que haja a assistência de advogado, considerando inclusive os possíveis encaminhamentos, entre eles a assinatura de Termo de Ajuste de Conduta (TAC).

De qualquer forma, conforme já decidiu o Supremo Tribunal Federal, a Súmula Vinculante nº 14 não se aplica ao inquérito civil[60].

2.5 Conclusão dos procedimentos e inquéritos

O arquivamento dos procedimentos e inquéritos, por meio de peça autônoma e fundamentada, decorrerá do convencimento do Procurador, concluídas as diligências, de ausência de fundamento para a assinatura de TAC ou ajuizamento da ação civil pública. Nesse caso, faz-se a remessa, no prazo de três dias, à Câmara de Coordenação e Revisão do Ministério Público do Trabalho, a partir da cientificação pessoal dos interessados, por via postal ou correio eletrônico. Enquanto não houver deliberação, é possível a apresentação de razões ou documentos pelos colegitimados.

Não homologado o arquivamento pela CCR, poderá o julgamento ser convertido em diligência, para a prática de atos imprescindíveis à decisão, indicando qual membro irá praticá-los, ou determinando o prosseguimento da investigação, designando, nesse caso, membro para a atuação, distinto do que promoveu o arquivamento.

O desarquivamento, em razão de novos fatos ou provas, pode ocorrer dentro do prazo de seis meses e, caso não haja o ajuizamento da ação civil pública ou celebração de termo de ajuste de conduta, será arquivado e remetido à CCR para homologação ou não.

Quando o ajuizamento da ação alcançar objeto parcial do procedimento ou inquérito, o remanescente, caso não tenha sido objeto de TAC, deve ser arquivado e encaminhado à CCR para homologação ou não.

---

[60] Rcl 8458 AgR, Rel. Min. Gilmar Mendes, Tribunal Pleno, j. 26/06/2013, DJe-184, Divulg. 18/09/2013, publ. 19/09/2013.

Homologado o arquivamento, caberá recurso administrativo no prazo de dez dias, assegurando em igual prazo oferecimento de contrarrazões.

O prazo para a conclusão do inquérito civil é de um ano, prorrogável pelo mesmo prazo, quantas vezes forem necessárias.

2.6 Competência para julgar eventuais medidas judiciais contra ato do Procurador no inquérito civil

A questão da competência para processar e julgar eventuais medidas judiciais contra atos praticados pelos Procuradores na condução do procedimento ou inquérito dá margem a controvérsias.

Raimundo Simão de Melo defende que a competência, no caso, é da Justiça Federal, por força do art. 109, VII e VIII, não sendo aplicável o art. 114 da Constituição Federal[61].

Entende-se, porém, que se a atuação do Procurador está relacionada com os interesses e direitos que compete ao Ministério Público do Trabalho tutelar, a competência da Justiça do Trabalho parece mais adequada. A apreciação de ato do Procurador do Ministério Público do Trabalho, concernente à apuração de violação do ordenamento jurídico, que afeta uma coletividade de trabalhadores, por órgão da Justiça não especializada em matéria trabalhista, pode trazer dificuldades para a condução do procedimento ou do inquérito.

Tal questão não possui relação com o foro especial previsto no art. 18, II, *c* e *d*, em matéria criminal, da Lei Complementar nº 75/1993. O mesmo entendimento aplica-se à competência funcional, independentemente do cargo ocupado pelo membro do Ministério Público do Trabalho. Como será competente Vara do Trabalho para processar e julgar eventual ação civil pública que resulte da investigação

---

[61] MELO, Raimundo Simão de. *Ação civil pública* cit., p. 64.

questionada em juízo, ela igualmente deve ter competência para julgar as medidas ajuizadas contra as investigações prévias à sua propositura.

O Tribunal Superior do Trabalho decidiu que o questionamento, via mandado de segurança, sobre pedido de vista em inquérito civil é da competência da Justiça do Trabalho[62].

[62] RR 514-20.2013.5.04.0661, Rel. Min. Walmir Oliveira da Costa, j. 23/09/2015, 1ª Turma, publ. DEJT 25/09/2015.

TERMO DE AJUSTE DE CONDUTA (TAC)

3.1 Considerações gerais

O § 6º do art. 5º da Lei nº 7.347/1985 trata do compromisso de ajustamento de conduta às exigências legais, mediante cominação, perante os órgãos públicos legitimados para a ação civil pública, com eficácia de título executivo extrajudicial. A inclusão do compromisso de ajuste no referido dispositivo ocorreu por meio de alteração promovida pela Lei nº 8.078/1990.

O art. 876 da Consolidação das Leis do Trabalho prevê a execução, na forma ali estabelecida, das decisões transitadas em julgado ou sem interposição de recurso com efeito suspensivo; dos acordos não cumpridos; dos termos de ajuste de conduta firmados perante o Ministério Público do Trabalho e dos termos de conciliação firmados perante as Comissões de Conciliação Prévia.

O TAC é um mecanismo alternativo, mas não antagônico ou autônomo em relação ao sistema judicial. As possibilidades do TAC dependem, de alguma maneira, das decisões judiciais proferidas em ações civis públicas e, também, nas ações em que ele seja objeto, como nas execuções ou em outras medidas judiciais que questionem a força vinculante de suas disposições. Há uma interação entre o TAC e a ação civil pública para o desenvolvimento recíproco de ambos os instrumentos na defesa dos interesses e direitos transindividuais.

Para desempenhar essa complementaridade, é importante que o TAC possa buscar, com mais intensidade, a participação e o diálogo, deixando para a ação civil pública, caso o TAC não seja celebrado, o momento adversarial, com atos baseados mais na autoridade. Ao suceder a tentativa frustrada de celebrar o compromisso, o ajuizamento da ação representa etapa com disposição conciliatória mais reduzida. Ainda assim, a via da ação civil pública também propicia abertura para participação e diálogo. Sua propositura não inviabiliza a conciliação judicial. Ao contrário, muitas vezes réus recalcitrantes receiam o peso da condenação e optam por conciliar. Outros preferem ir até o limite, buscando auferir vantagens com o tempo do processo.

O procurador ou a procuradora, ao dialogar acerca do TAC, não se desveste das prerrogativas legais. Porém, por ser o TAC espontâneo, é possível valer-se de técnicas mais variadas para alcançar o convencimento e adesão. Além disso, é possível a realização de debates e audiências para o conhecimento mais aprofundado de questões específicas, a partir de pontos de vista distintos, inclusive de atores sociais. O TAC necessariamente aproxima, caso contrário não é celebrado. Como ressalta Melo[63], o "interesse reside menos em 'vencer' a causa do que em obter, de modo menos oneroso, ou menos impactante, a melhor tutela para o conflito". Já, no sistema judicial, a tendência é o distanciamento e a disputa de posições.

Há quem cunhe a expressão *Ministério Público resolutivo*, para diferenciar o órgão ministerial que busca resolver diretamente os conflitos, em contraposição ao *Ministério Público demandista*, como aquele que atua predominantemente junto ao Judiciário[64].

A atuação em busca da celebração do TAC, mediante a exploração de todos os instrumentos colocados à disposição da Instituição, figurando a ação judicial como última alternativa, seria típica do *Ministério Público resolutivo*.

Por outro lado, existem estudos indicando que o TAC pode representar instrumento de resolução mais brando para o infrator se comparado à decisão judicial[65]. Contudo, a receptividade maior ou menor do Judiciário é bastante variável.

A atuação a modo de um *Ministério Público resolutivo* vem se firmando com o tempo. Porém, nessa fase de transição, dificilmente os infratores despertariam interesse em dialogar e resolver a questão diretamente, e não pela via do Judiciário, não fosse o acolhimento das ações ajuizadas pelos órgãos do Ministério Público. Com o tempo, a probabilidade é que se amplie o conhecimento em torno do TAC e dos ganhos resultantes de sua celebração, não por condescendência, pois o TAC não é instrumento que agracia

---

63 MELO, Raimundo Simão de. *Ação civil pública* cit., p. 79.

64 GOULART, Marcelo Pedroso. *Ministério Público e democracia. Teoria e Práxis.* São Paulo: Ed. de Direito, 1998, p. 96.

65 SOUZA, Ilan Fonseca. Inefetividade dos Termos de Ajuste de Conduta Firmados pelo Ministério Público do Trabalho: uma análise empírica. Termos de ajuste de conduta do Ministério Público do Trabalho estão sendo efetivos? Jus Navigandi. Disponível em: Jus.com.br. Acesso em: 10 jan. 2021.

o infrator com a impunidade, mas pela maior previsibilidade das obrigações nele estabelecidas e flexibilidade em seu cumprimento, inclusive em relação a seu procedimento, embora não possa desprezar uma formalidade mínima para propiciar sua execução, o que não significa burocratizá-lo.

O TAC, como instrumento que opera a aproximação entre o compromitente e o legitimado perante quem se celebra, pode lograr, de forma célere e prática, exatamente o mesmo resultado da decisão judicial, inclusive pagamento de danos morais coletivos.

Bruno Gomes Borges da Fonseca reconhece que o TAC "é insuficiente para equacionar todos os conflitos sociais e assegurar, sempre, a inviolabilidade de direitos". Apesar dos seus limites, o autor considera possível "aproximá-lo do ideal de legitimidade com o filtro da democracia deliberativa em sua formação"[66].

Há um jogo recíproco entre resolução judicial e resolução via TAC que não convém desaparecer. A resolução via TAC, sem suporte do Judiciário em algum momento, é o que pode efetivamente enfraquecer o instrumento ministerial. A via judicial, sem o TAC, entraria em colapso, considerando o elevado número de termos que são celebrados em todas as unidades do Ministério Público.

O TAC, portanto, embora não expresso na Constituição, contribui para a inovação institucional que se extrai do texto constitucional, assegurando, para a resolução dos conflitos de interesses, a pluralidade tanto no aspecto objetivo (métodos e instrumentos) quanto no subjetivo (ator ou atores encarregados de resolver os conflitos). O acesso à justiça pela via do Judiciário é garantia constitucional, que

---

[66] FONSECA, Bruno G. B. *Compromisso de ajustamento de conduta*. São Paulo: LTr, 2013, p. 39.

não exclui outras vias de acesso aos direitos, inclusive de forma mais pragmática e simples.

A crise da Justiça se localiza mais no trinômio "inacessibilidade, morosidade e custo". Instrumentos e mecanismos de autocomposição podem conferir maior racionalidade no sistema de justiça, além de aliviar o número de casos nos órgãos do Judiciário.

3.2 Legitimidade para a celebração do TAC

Como já mencionado, o art. 5º, § 6º, Lei nº 7.347/1985 refere-se a órgãos públicos legitimados. O art. 876 da Consolidação das Leis do Trabalho, porém, atribui o caráter de título executivo aos termos de ajuste de conduta firmados perante o Ministério Público do Trabalho, sem fazer menção a qualquer outro ente público.

Ao ver de Fonseca[67], a Lei nº 7.347/1985 ao referir a órgãos públicos legitima não só órgãos, mas pessoas jurídicas e instituições, desde que públicos.

No art. 627-A da Consolidação das Leis do Trabalho, há previsão de procedimento especial para a ação fiscal, com o objetivo de orientar o cumprimento da legislação de proteção ao trabalho e prevenir e sanear infrações, por meio de Termo de Compromisso, disciplinado em Regulamento da Inspeção do Trabalho.

Trata-se de instrumento diverso que, além disso, não foi contemplado com a força de um título executivo. É um instrumento interno para auxiliar as funções do Ministério do Trabalho e Emprego na fiscalização das condições de trabalho.

A previsão da Consolidação das Leis do Trabalho, atribuindo força executiva apenas ao TAC do Ministério Público do Trabalho,

---

[67] FONSECA, Bruno G. B. Op. cit., p. 129.

poderia gerar dúvidas em relação a outros entes públicos legitimados quanto à eficácia de eventual termo por eles tomado. Pretensões de tomar um TAC por outro legitimado em matéria trabalhista devem ser levadas ao conhecimento do Ministério Público do Trabalho, para fins de acompanhamento ou mesmo de celebração conjunta.

Melo[68] entende cabível a tomada de TAC por outros entes públicos legitimados para a ação civil pública.

Se na ação para a defesa de interesses coletivos a atuação do Ministério Público, como *custos iuris*, é obrigatória, ainda que a validade do instrumento celebrado não fosse questionada, o conhecimento ao *Parquet*, a fim de verificar se há necessidade de seguir a investigação do ilícito que deu ensejo à assinatura do TAC ou mesmo adotar medidas complementares que se mostrem necessárias para reforçar a regularização da situação, é indispensável.

Como ressalta Fonseca[69], o TAC constitui garantia de mínimos, de modo que pode ser complementado sem que isso afete a sua validade ou as obrigações nele previstas.

3.3 Natureza Jurídica

A natureza jurídica do TAC pode ser examinada tanto em relação à forma de sua celebração, quanto a seu conteúdo, bem como a seu descumprimento, caso em que são examinados os efeitos para exigir as condutas nele previstas. Neste último caso, o TAC enquadra-se como título executivo extrajudicial.

Em relação ao primeiro aspecto, há muita controvérsia. Quando enquadrado como modalidade de transação, ressalta-se o alto grau de especificidade em relação à categoria civilista tradicional, uma

---

[68] MELO, Raimundo Simão de. *Ação civil pública* cit., p. 108.

[69] FONSECA, Bruno G. B. Op. cit., p. 166.

vez que se veda a renúncia, sendo possível transacionar aspectos disponíveis da obrigação assumida, os denominados "periféricos ou circunstanciais do TAC (modo, lugar e tempo) e aos efeitos patrimoniais dos interesses metaindividuais". É também enquadrado como acordo em sentido estrito, contrato administrativo, submetido a normas de direito público para preservar o caráter de indisponibilidade do interesse público, promessa ou carta de intenção, ato jurídico no sentido estrito, unilateral de adesão ao instrumento apresentado ou ainda como nova categoria[70].

Nas tentativas de extrair uma natureza jurídica do TAC, o que há de mais relevante é não desvirtuar ou esvaziar esse instrumento de resolução de conflitos coletivos. As categorias civilistas tradicionais não dão conta de apreender os seus efeitos e sua potencialidade, até porque se consolidaram como fórmulas jurídicas dirigidas a interesses individuais.

Fonseca[71], de acordo com proposta de inserção do TAC no contexto da democracia participativa e deliberativa, baseada na teoria discursiva habermasiana, destaca a natureza de negócio jurídico híbrido, sujeito a normas de direito privado e público. O TAC sujeita-se às normas civilistas aplicáveis aos fatos jurídicos, bem como aos princípios da administração pública previstos na Constituição. Sendo assim, a base normativa de direito público asseguraria isenção e imparcialidade, porém permitiria posicionar o MP num patamar de equivalência com a parte, como um mediador, para a construção do TAC, com a efetiva participação de quem o celebrará, o que definitivamente contribuirá para sua assinatura e cumprimento.

---

[70] Ver por todos FONSECA, Bruno G. B. Op. cit., p. 72/76.

[71] FONSECA, Bruno G. B. Op. cit., p. 78/82.

Por sua vez, Leite[72] (2011) adota o posicionamento de que o TAC firmado perante o MPT, não comporta transação, considerando que seu objeto é restritivo. O fato de a lei usar a expressão "tomar do interessado o termo de compromisso de ajustamento de sua conduta às exigências legais" atribui ao TAC o "caráter de impositividade ao órgão público legitimado, o que afasta a natureza de acordo ou transação do instituto ora focalizado".

O TAC é a sentença não proferida. Como instrumento adequado e suficiente de resolução de conflitos, pode estabelecer tudo o que seria possível alcançar por meio de sentença em ação civil pública.

Não faz sentido celebrar TAC e posteriormente ingressar com ação que possua o mesmo objeto, simplesmente para complementar ou reforçar os efeitos do ajuste da conduta. Qualquer restrição em relação ao objeto do TAC acarretaria seu desprestígio e estímulo para a opção judicial, o que vai de encontro com a proposta de meios alternativos de solução de conflitos, como instrumentos necessários à redistribuição das vias de acesso aos direitos.

3.4 Conteúdo do TAC

Como o TAC é apto a obter o mesmo resultado que a sentença judicial em ação civil pública alcançaria, ele pode ter por objeto obrigações relacionadas à defesa de interesses difusos, coletivos e individuas homogêneos, conjunta ou separadamente. As mesmas indenizações que seriam obtidas numa sentença podem ser estipuladas num TAC, inclusive por danos morais individuais e coletivos.

A regularização da situação no curso do procedimento ou inquérito não justifica a não assinatura do TAC. Além da reparação

---

[72] LEITE, Carlos Henrique Bezerra. *Ministério Público do Trabalho. Doutrina, jurisprudência e prática*, 5. ed. São Paulo: LTr, 2011, p. 291/292.

do dano causado, o TAC possui caráter inibitório da conduta no futuro. É por essa razão que sua celebração não implica necessariamente confissão da infração. A Lei nº 8.884/1994, no art. 53, previa celebração de termo de compromisso perante o CADE e SDE, que não importava confissão quanto à matéria de fato, nem reconhecimento da ilicitude da conduta analisada. Porém, referida previsão não integrou a Lei nº 12.529, de 30/11/2011, que revogou a lei de 1994. Independentemente dessa circunstância, a possibilidade de o TAC ser firmado com caráter meramente preventivo afasta, como consequência necessária de sua assinatura, a confissão do ilícito.

O caráter inibitório do TAC, considerando lesão ou ameaça de lesão ao ordenamento jurídico, autoriza a sua celebração para estabelecer obrigações positivas, no sentido de cumprir as normas ameaçadas ou violadas[73]. Existe algum equívoco na abordagem da matéria acerca da celebração de TAC para o cumprimento do que está na lei. Poder-se-ia alegar que a lei é para ser cumprida, não havendo sentido que TAC determine o seu cumprimento. Evidentemente, isso poderia ocorrer se TACs fossem ofertados indiscriminadamente para resolver todos os descumprimentos do ordenamento jurídico, independentemente de qualquer apuração prévia. O que justifica a assinatura de TAC ou o ajuizamento da ação, em caso de recusa de sua celebração, é a necessidade de reação diante de violação ou ameaça de violação a direitos.

Nos TACs prevendo obrigações de não fazer, não há obrigatoriedade de fixação de um prazo para sua observância, assim como na sentença em ação civil pública. Porém, para fins de fiscalização, nada obsta a sua previsão. Defende Geisa de Assis

---

[73] A esse respeito, FONSECA, Bruno G. B. Op. cit., p. 154.

Rodrigues[74] que quando "se trata de obrigação de não fazer, o prazo deve ser fixado, sobretudo para fins de fiscalização do cumprimento da obrigação, levando-se em conta um tempo que denote a estabilidade da conduta de não agir".

O TAC não pode renunciar direitos indisponíveis que cabe ao legitimado pela lei tutelar, tampouco direitos de terceiros. Sua celebração em nada prejudica a possibilidade de os particulares exigirem, por outras vias, o cumprimento de obrigações não previstas no TAC, ou previstas de forma que não contemplem suas situações individualizadas.

O caráter voluntário é elemento essencial para a produção dos efeitos nele contidos. Tanto que não se admite como válido TAC celebrado mediante requisição de comparecimento do investigado para sua assinatura[75].

3.5 Alterações do conteúdo do TAC após a celebração

O TAC recompõe o passado, porém dirigindo-se para o futuro. Esse porvir dá margem a mudanças de realidade ou imprevistos que podem afetar as obrigações nele previstas.

Em princípio, as alterações são possíveis, mas devem ser excepcionais, mediante fundamentação. É necessário prestigiar o TAC. Da mesma forma que as alterações são possíveis, o TAC não impede propositura de ação, em caso de violações continuativas a direitos que assumem novas proporções[76].

---

74 RODRIGUES, Geisa de Assis. *Ação civil pública e termo de ajustamento de conduta. Teoria e Prática*. 3. ed. Rio de Janeiro: Forense, 2006, p. 194.

75 FONSECA, Bruno G. B. Op. cit., p. 153. O autor faz menção à decisão do STJ, REsp 802.060, DJe de 22/02/2010.

76 RR 134840-70.2007.5.23.0022, Rel. Min. José Roberto Freire Pimenta, j. 04/09/2013, 2ª Turma, publ. 13/09/2013.

É possível também alterar valores atribuídos às multas e à indenização previstas no TAC, de acordo com as circunstâncias do momento, sempre a critério do Membro oficiante. Como recorda Bruno Fonseca:

> O precedente 20 do CSMPT e a orientação 8 da CCRMPT, congruentes com essa posição, autorizam o MPT isentar, diminuir, parcelar ou manter o valor da cominação guiado pelo interesse público. A medida é salutar e permite cotejar a sanção com as circunstâncias atuais, com inclusão das razões de descumprimento e da condição econômica do legitimado passivo, por exemplo. Teorização contrária, porém, advoga a indisponibilidade dos valores fixados a título de cominação, pois somente o juiz, se entendê-los excessivos, poderá reduzi-lo[77].

Se ao juiz é dada a possibilidade de alterar o valor da cominação prevista no TAC, não faz sentido negá-la ao Membro oficiante, até porque qualquer alteração significativa só será possível com a aquiescência do compromitente.

Atualmente a matéria compõe a Resolução nº 69/2007. A Resolução nº 100, de 29/09/2011, do CSMPT incluiu o art. 14-A na Resolução nº 69, de 2007, para a hipótese em que o Procurador oficiante considera o TAC ineficaz para restaurar a ordem jurídica, celebrado por ele próprio ou outro membro, ou na situação de fatos novos. O procedimento se dá mediante fundamentação indicando as deficiências do instrumento e as medidas adequadas para saná-las, com proposta de retificação ou anulação do TAC, dando-se ciência ao membro que o assinou, facultada a manifestação dele em cinco dias úteis. O caso

---

[77] FONSECA, Bruno G. B. Op. cit., p. 106.

será analisado e decidido pela Câmara de Coordenação e Revisão, que poderá acatar a sugestão ou ratificar o instrumento anterior. Para retificar o TAC, deverá haver a anuência do compromitente. O mero complemento de TAC, que não implique anulação, supressão ou modificação substancial pode ocorrer sem maiores formalidades, desde que com a anuência do compromitente.

3.6 TAC e fiscalização trabalhista

Em princípio, a celebração de TAC não impede a fiscalização trabalhista de verificar o descumprimento da legislação trabalhista e aplicar penalidades se for o caso.

Os TACs firmados perante o Ministério Público do Trabalho são divulgados e muitas vezes encaminhados ao Ministério do Trabalho e Emprego. Talvez pelo entendimento de que a aceitação do TAC corresponde à evidência do ilícito haja uma inciativa de determinar a fiscalização para as empresas que celebraram o TAC. Em alguns casos, esse descumprimento se torna patente, sendo uma questão de política institucional direcionar a ação fiscal a essas empresas que se comprometem a ajustar a conduta. A rigor, o TAC não implica a atuação automática dos auditores fiscais do trabalho, que inclusive podem valer-se do critério da dupla visita prevista no art. 627 da Consolidação das Leis do Trabalho, bem como do disposto no art. 28, §§ 1º a 6º do Decreto nº 4.552/2002. Independentemente da posição que se adote em relação a essa controvérsia, o diálogo institucional parece ser uma boa estratégia para resolver impasses dessa natureza.

O tema está relacionado igualmente com a natureza das multas previstas no TAC e a aplicada pela fiscalização do trabalho, para fins de identificar *bis in idem*. A corrente prevalecente não vislumbra identidade de natureza nessas duas multas, de modo que a aplicação de uma não impede a incidência da outra[78].

3.7 Multa, indenizações e destinação dos valores

Ponto que convém seja incluído no TAC é que a obrigação nele prevista é exigível, independentemente do pagamento da multa cominada em caso de descumprimento.

Como adverte Edson Braz da Silva[79] ao tratar da natureza da multa:

> Considerando que o Ministério Público do Trabalho, quando celebra com o interessado um Termo de Ajuste de Conduta, não substitui a obrigação de fazer ou não fazer por obrigação de dar, negociando apenas as condições para o pleno cumprimento da lei, tenho que a multa fixada a favor do FAT tem natureza da astreinte, porque visa a forçar o adimplemento do pactuado o que é típico no caso de multa com natureza de astreinte. (...)

Bruno Fonseca considera que, por se tratar de instrumento construído pelas partes envolvidas, a natureza da multa prevista dependerá do que dispuser o TAC.

Os valores eventualmente arrecadados em razão do TAC, bem como das multas por descumprimento, devem destinar-se à reconstituição dos bens lesados. Como será abordado em local próprio,

---

[78] Nesse sentido, FONSECA, Bruno G. B. Op. cit., p. 173; RODRIGUES, Geisa de Assis, Op. cit., p. 178.

[79] SILVA, Edson Braz. "Inquérito civil trabalhista, termo de ajuste de conduta, execução do termo de ajuste de conduta na Justiça do Trabalho". *Revista do Ministério Público do Trabalho*. Brasília, v. 10, nº 20, setembro de 2000, p. 23/24.

na ausência de fundo específico nos moldes previstos no art. 13 da Lei nº 7.347/1885, adotou-se a prática de destinar indenizações e multas previstas resultantes da defesa de interesses coletivos para o FAT. Hoje, percebe-se que ela não é adequada para a recomposição dos bens lesados, uma vez que o Ministério Público do Trabalho, além de não participar do Conselho Gestor, não possui qualquer possibilidade de interferir na aplicação dos recursos do FAT. No TAC, há margem significativa para, a partir de variadas experiências na aplicação desses recursos, construir novos caminhos para que a comunidade lesada possa usufruir do que foi alcançado com a resolução do problema.

3.8 Acompanhamento de TAC e arquivamento

Uma vez celebrado o TAC, não há remessa dos autos do procedimento ou inquérito ao órgão interno do Ministério Público para fins de controle. No entanto, o Ministério Público Estadual de São Paulo, em razão de Lei Complementar estadual, prevê a homologação do TAC pelo Conselho Superior (art. 112 da Lei Complementar nº 734/1993; Súmula 4 CSMP-SP), não se aplicando tal dispositivo à homologação judicial de acordo (Súmula 25 CSMP-SP). O STJ[80] já se manifestou no sentido de que não há nulidade por ausência de homologação de TAC pelo Conselho Superior.

Geisa de Assis Rodrigues[81] adota posição intermediária. Diz ela:

> O TAC tem eficácia a partir do momento em que é celebrado, resultando a imediata suspensão do inquérito civil, até que o mesmo seja devidamente cumprido. Após a certificação do cumprimento do

[80] AgRg no REsp 1175494, DJe de 07/04/2011.

[81] RODRIGUES, Geisa de Assis. Op. cit., p. 222.

ajuste nos autos do inquérito, não havendo outras medidas a serem adotadas, deve a investigação ser arquivada submetendo ao controle do órgão superior encarregado de apreciar os arquivamentos.

A posição da Procuradora do Ministério Público Federal é a acatada naquele ramo do Ministério Público da União. A Resolução nº 87 do CSMPF prevê a comunicação da celebração do Termo de Ajuste à Câmara de Coordenação e Revisão respectiva ou Procuradoria Federal dos Direitos dos Cidadãos e ao representante, quando for o caso (§ 5º, art. 21). Igual previsão possui o cumprimento do TAC, que acarretará o arquivamento do procedimento administrativo ou inquérito civil respectivo, devendo ser remetido, na forma do art. 17, § 2º, à Câmara de Coordenação e Revisão respectiva ou à Procuradoria Federal dos Direitos dos Cidadãos (§ 8º, art. 21). O art. 17, § 2º, prevê a remessa aos mencionados órgãos, para fins de homologação ou rejeição da promoção de arquivamento. Essa redação foi incluída pela Resolução CSMPF nº 108, de 04/05/2010.

Já a Resolução nº 69 do CSMPT prevê em seu art. 14 a celebração do Termo de Ajuste de Conduta com o responsável pela ameaça ou lesão aos interesses ou direitos tuteláveis pelo Ministério Público do Trabalho, com o objetivo de reparar o dano, adequar a conduta às exigências legais ou normativas, bem como compensar ou indenizar os danos que não possam ser reparados. O par. 1º estabelece o acompanhamento do TAC que se dará nos próprios autos do procedimento preparatório ou inquérito civil.

Verifica-se, pois, o tratamento diferenciado pelos dois ramos. O MPF, tanto na celebração do TAC, quanto na verificação de seu cumprimento, prevê a remessa desses atos à respectiva Câmara de Coordenação e Revisão ou à Procuradoria Federal dos Direitos dos

Cidadãos, no primeiro caso para conhecimento e no segundo para homologação ou rejeição da promoção de arquivamento. O MPT não faz a remessa à Câmara, por ocasião da celebração do TAC; a Resolução nº 69 do CSMPT simplesmente prevê o acompanhamento do TAC no próprio procedimento ou inquérito em que foi celebrado. Seria possível extrair o entendimento de que cumprido o TAC os autos serão arquivados, com remessa ao órgão específico para fins de homologação ou não. Entretanto, não é esse o entendimento da CCRMPT.

AÇÃO CIVIL PÚBLICA TRABALHISTA

4.1 Denominação

A denominação *ação civil pública* surgiu com a hoje revogada Lei Complementar nº 40/1981, Lei Orgânica do Ministério Público. Ela foi anteriormente empregada por Piero Calamandrei para designar as ações não penais promovidas pelo Ministério Público. O critério para a utilização dessa denominação era subjetivo e não levava em conta os interesses e direitos tutelados. Sendo assim, quaisquer ações promovidas pelo Ministério Público, de caráter não penal, eram denominadas ações civis públicas[82].

Inúmeras críticas são feitas à denominação adotada na legislação e na Constituição. Em primeiro lugar, por ser inapropriada a adjetivação da ação e sua possível vinculação ao direito material.

[82] VIGLIAR, José Marcelo Menezes. Ação civil pública ou ação coletiva? In: *Ação civil pública* cit., p. 444 (441/457).

No caso, a qualificação *civil pública* não se refere a direito material. Fosse o propósito estabelecer tal associação, as ações seriam separadas de acordo com o bem tutelado: ações ambientais, consumeristas e assim por diante[83].

A rigor, a ação civil pública seria assim denominada quando ajuizada para a defesa de interesses e direitos coletivos pelo Ministério Público e ação coletiva para o mesmo fim, por legitimado diverso, o que reforçaria o caráter privativo da primeira, a despeito de instrumento similar atribuído aos demais legitimados.

Destaca Mazzilli em relação à discutida denominação:

> Em essência, a ação civil pública da Lei n. 7.347/85 nada mais é que uma espécie de ação coletiva, como também o são o mandado de segurança coletivo e a ação popular.
> Como denominaremos, pois, uma ação que verse a defesa de interesses difusos, coletivos ou individuais homogêneos? Se ela estiver sendo movida pelo Ministério Público, o mais correto, sob o prisma doutrinário, será chamá-la de ***ação civil pública.*** Mas se tiver sido proposta por associações civis, mais correto será denominá-la de ***ação coletiva.*** Sob o enfoque puramente legal, será ação civil pública qualquer ação movida com base na Lei n. 7.347/85, para a defesa de interesses transindividuais, ainda que seu autor seja uma associação civil, um ente estatal ou o próprio Ministério Público, entre outros legitimados; será ação coletiva qualquer ação fundada nos arts. 81 e s. do CDC, que verse a defesa de interesses transindividuais[84].

---

[83] VIGLIAR, cit.

[84] MAZZILLI, Hugo Nigro. *A defesa dos interesses difusos em juízo. Meio ambiente, consumidor, patrimônio cultural, patrimônio público e outros interesses difusos.* 18· ed. São Paulo: Saraiva, 2005, p. 70, grifo do original.

Apesar do questionamento em torno da denominação da ação para a defesa de interesses e direitos difusos, coletivos e individuais homogêneos, a expressão *ação civil pública* consolidou-se com o tempo e retrata de forma adequada a promoção da defesa desses interesses e direitos em juízo.

A opção pela *ação civil* é equivalente à sua exclusão do âmbito penal, aplicando-se a qualquer outro ramo do direito. O complemento "*pública*" refere-se à tutela de interesses metaindividuais, que podem ser qualificados de interesses públicos de titularidade não estatal[85]. O fato de não ser ação de legitimidade exclusiva do Ministério Público não compromete a denominação. Ainda que ajuizada por outro ente legitimado, o Ministério Público possui papel de destaque nas ações civis públicas, uma vez que sua atuação é, por imposição legal, obrigatória na condição de fiscal do ordenamento jurídico.

A Lei nº 8.078/1990, no Capítulo II, do Título III, trata das *ações coletivas* para a defesa de interesses individuais homogêneos. No art. 91, que integra esse capítulo, há menção à propositura de *ação civil coletiva* de responsabilidade pelos danos individualmente sofridos. A utilização de *ação coletiva* não significa a existência de duas ações distintas: *ação civil pública* para os interesses difusos e coletivos (Lei nº 7.347/1985) e *ação coletiva* para os interesses individuais homogêneos (Lei nº 8.078/1990). Tal diferenciação, embora corresponda à denominação utilizada pelas duas leis, deve se ajustar à integração dos dois conjuntos normativos, como expressamente previsto a partir da Lei nº 8.078/1990. Ademais,

---

[85] SILVA, Marcello Ribeiro. *Ação civil pública & Processo do Trabalho*. 2. ed. Curitiba: Juruá Editora, 2008, p. 24.

firmou-se jurisprudência no sentido de admitir a ação civil pública para a defesa de interesses individuais homogêneos, pelo fato de que as três categorias previstas, difusos, coletivos e individuais homogêneos, são espécies do gênero coletivo[86].

O fato de o autor da demanda utilizar *ação civil pública* ou *ação coletiva* para denominar a ação na defesa de interesses e direitos do gênero coletivo não constitui óbice para o exame dos pedidos deduzidos na inicial, que podem referir-se a quaisquer das espécies previstas, difusos, coletivos e individuais homogêneos, isolada ou conjuntamente.

Se, pelo art. 83 da Lei nº 8.078/1990, é possível valer-se de qualquer ação para a efetividade dos interesses e direitos previstos no parágrafo único do arti. 81, não faz sentido que a denominação utilizada pelo legitimado para a ação possa acarretar, por ser considerada imprópria, efeito impeditivo ou limitador para o exame das providências requeridas na inicial.

A terminologia *ação civil pública*, consagrada na Constituição e nas leis, representa adequadamente a incorporação em nosso ordenamento jurídico de instrumento inédito no enfrentamento pela sociedade, por intermédio dos entes legitimados, da macrolesão aos interesses e direitos que dizem respeito a grupos de pessoas.

---

[86] O STF (RE 163.231, DJ 29/06/2001) admitiu a legitimidade do Ministério Público para, por meio de ação civil pública, coibir reajustes abusivos aplicados por instituição particular contra as regras estabelecidas por conselho estadual de educação. A situação foi enquadrada como correspondente a interesses individuais homogêneos. Destaca-se da ementa o seguinte trecho: "5. As chamadas mensalidades escolares, quando abusivas ou ilegais, podem ser impugnadas por via de ação civil pública, a requerimento do Órgão do Ministério Público, pois ainda que sejam interesses homogêneos de origem comum, são subespécies de interesses coletivos, tutelados pelo Estado por esse meio processual como dispõe o artigo 129, inciso III, da Constituição Federal".

4.2 Conceito

4.2.1 Considerações gerais sobre o conceito de ação civil pública

O conceito de ação civil pública está ligado a outros conceitos, como o dos interesses e direitos que são por ela tutelados. A ação civil pública é identificável somente quando associada à defesa de interesses e direitos coletivos em juízo.

Antes de apresentar os elementos do conceito de ação civil pública, é importante destacar que se trata de instrumento processual que inova, ao romper com boa parte das estruturas da ação tradicional de perfil individualista, em razão dos fins a que se destina. Esse caráter inovador deve-se fazer presente na conceituação proposta, justamente em razão de constituir fator relevante na resolução de problemas interpretativos quanto ao alcance da ação civil pública.

Enquanto na ação tradicional conferiu-se enorme prevalência à técnica processual, na ação civil pública a ênfase recai nos resultados, sendo mais acentuado o caráter instrumental do processo coletivo neste aspecto.

O conceito de ação civil pública pode ser apresentado com o seguinte enunciado: a ação civil pública consiste em instituto jurídico voltado para a defesa, em juízo, dos interesses e direitos difusos, coletivos e individuais homogêneos, por meio de legitimados expressamente previstos, cuja ênfase recai na efetividade desses interesses e direitos, na medida em que é possível lançar mão de variadas fórmulas para se alcançar tal resultado.

4.2.2 Ação civil pública como instituto jurídico

A afirmação de que a ação civil pública é um instituto jurídico significa identificá-la como complexo de atos e relações jurídicas que possui relevância para a sociedade e, portanto, com tendência de permanência no tempo. Em razão disso, sua disciplina normativa é especializada, dotada de homogeneidade e autonomia, provocando grande atenção por parte da doutrina e da jurisprudência.

Há institutos jurídicos de direito material e processual seculares, mas há também os mais novos que, pela relevância e por não regularem situações momentâneas ou casuísticas, demonstram, desde o início, vocação de duração.

Os institutos jurídicos, pelas suas características, geralmente são incorporados pelas Constituições, tornando-se componentes essenciais da arquitetura constitucional, de modo que sua preservação passa a ser indispensável para assegurar os princípios constitucionais. O núcleo ou reduto do instituto não pode ser modificado pelo legislador, mas a configuração institucional concreta é atribuição legislativa, com ampla margem, uma vez que essa tarefa não é fixada de uma vez por todas. É necessário moldar e preservar sua imagem em termos reconhecíveis na consciência social em cada tempo e lugar[87].

A contraposição entre ordem instituída e ordem espontânea chegou a desfrutar de algum prestígio em algumas teorias, como se a liberdade para inovações, essencial para as relações na sociedade democrática, somente pudesse ser alcançada em contexto desprovido de amarras institucionais. Essa ideia já não prevalece, especialmente a partir do momento em que institutos jurídicos passam a ter previsão constitucional. A Constituição assegura a inovação dos institutos

[87] Extraído da Sentença do Tribunal Constitucional Espanhol STC 32, de 28 de julho de 1981. Disponível em: http://hj.tribunalconstitucional.es/HJ/en/Resolucion/Show/32. Acesso em: 30 jul. 2013.

jurídicos e sua adaptação às exigências do momento, sem qualquer necessidade de atuar fora de seu raio de abrangência[88].

A sociedade não está completamente fechada no instituído porque todos os dias inova e se abre ao instituinte[89].

Segundo Bergel, apenas "o conceito de instituição jurídica permite absorver num mesmo complexo jurídico as múltiplas facetas de um fenômeno social, portanto conhecê-lo bem"[90].

4.3 Propositura da ACP Trabalhista

A petição inicial da ação civil pública não difere das demais como instrumento para dar início à atividade jurisdicional e a constituição do processo. É por meio dela que se identificam as partes e a autoridade judiciária competente para a resolução da controvérsia, os fatos, os fundamentos da causa e as providências requeridas.

Em razão da simplicidade do processo do trabalho, os requisitos para a petição inicial na Justiça especializada são reduzidos, de acordo com o art. 840, § 1º, da Consolidação das Leis do Trabalho, exigindo-se a autoridade à qual é dirigida, qualificação do reclamante e reclamado, breve exposição dos fatos, o pedido, a data e assinatura do reclamante ou de seu representante. A Lei nº 13.467/2017 acrescentou que o pedido deverá ser certo e determinado, com a indicação do valor.

Considerando que a ação civil pública possui repercussão que extrapola os interesses individuais, é conveniente observar maior rigor em sua elaboração, de acordo com o art. 319 do Código de

---

[88] CIARAMELLI, Fabio. *Instituciones y normas. Sociedad global y filosofía del derecho*. Trad. Juanramón Capella. Madrid: Trotta, 2009, p. 103.

[89] SEN, Amartya. *Desenvolvimento como liberdade*. São Paulo: Companhia das Letras, 1999, p. 160.

[90] BERGEL, Jean-Louis. *Teoria Geral do Direito*. Trad. Maria Ermantina Galvão, São Paulo: Martins Fontes, 2001, p. 232.

Processo Civil, indicando, como ali se prevê, o juiz a que é dirigida, a qualificação do autor e réu, o fato e os fundamentos jurídicos do pedido; o pedido, com as suas especificações; o valor da causa; as provas com que o autor pretende demonstrar a verdade dos fatos alegados; e o requerimento para a citação do réu. Pode-se dispensar a "*opção pela realização ou não de audiência de conciliação ou mediação*", considerando que no processo do trabalho a audiência se realizará independentemente de manifestação das partes.

Em relação às provas, o art. 8º da Lei nº 7.347/1985 menciona que para instruir a inicial, o interessado poderá requerer às autoridades competentes as certidões e informações que julgar necessárias, a serem fornecidas no prazo de 15 (quinze) dias. O § 1º refere-se ao Ministério Público, que poderá instaurar inquérito civil ou requisitar certidões, informações, exames ou perícias, em prazo não inferior a dez dias.

Em razão do dispositivo citado, Francisco Antonio de Oliveira[91] considera que "a tônica na ação civil pública é a instrução da petição inicial com prova preconstituída". Segundo o autor, o interessado tem o poder de "requerer às autoridades competentes as certidões e informações que julgar necessárias e que deverão ser fornecidas no prazo de 15 (quinze) dias".

Oliveira ressalta que a utilização do termo *poderá* em lugar de *deverá* não afasta a obrigatoriedade do documento, cuja juntada poderá ocorrer após o ajuizamento, nos termos do art. 438 do Código de Processo Civil. Além disso, a menção a interessado, e não à parte legitimada, para a requisição de documentos, amplia os possíveis atores na reunião da prova documental preconstituída e se harmoniza com o art. 6º da Lei nº 7.347/1985, quando dispõe que qualquer um

---

[91] OLIVEIRA, Francisco Antonio. *Ação civil pública. Enfoques trabalhistas.* 3. ed. São Paulo: LTr, 2012, p. 42.

poderá e o servidor público deverá provocar a iniciativa do Ministério Público, com as informações sobre os fatos que constituam objeto da ação[92].

Referido entendimento está em consonância com o art. 5º, XXXIII, da Constituição, que assegura o direito de receber informações de interesse pessoal ou interesse público ou geral de órgãos públicos. O dispositivo constitucional foi regulamentado e atualmente aplica-se a Lei nº 12.527, de 18 de novembro de 2011.

O art. 293 do Código de Processo Civil anterior, que previa a interpretação restritiva dos pedidos, não se aplicava à ação civil pública. A dedução de pedido restritivo, que não alcança a amplitude do bem tutelado, deve ser interpretado de forma ampliativa, para não inviabilizar a tutela ou fragmentá-la. O juiz deverá conferir interpretação adequada ao que se pede, considerando o imperativo de promover a integral tutela dos interesses e direitos violados.

Nesse sentido, Lucon, Gabbay, Alves e Andrade[93]:

> Se o bem jurídico coletivo é marcado, como ressaltado, pela indisponibilidade, que é, por sua vez, controlada pelo juiz, não faz qualquer sentido restringir a interpretação que este pode fazer do pedido. Seria o mesmo que dizer que o juiz deve anuir com a disposição indevida feita pelo autor. Equivaleria, em última instância, a ratificar um ato contrário à própria lei. Restringir a interpretação do pedido

---

92 OLIVEIRA, cit.

93 LUCON, Paulo Henrique dos Santos; GABBAY, Daniela Monteiro; ALVES, Rafael Francisco; ANDRADE, Tathyana Chaves. "Interpretação do pedido e da causa de pedir nas demandas coletivas (conexão, continência e litispendência). LUCON, Paulo Henrique dos Santos (coordenador). *Tutela coletiva. 20 anos da Lei de Ação Civil Pública e do Fundo de Defesa de Direitos Difusos. 15 anos do Código de Defesa do Consumidor.* São Paulo: Atlas, 2006, p. 189.

significa, neste sentido, restringir a própria proteção do bem jurídico coletivo a ser tutelado.

Ou seja, na ação civil pública, o princípio da congruência entre pedido e decisão pode ser abrandado, o que estava expressamente previsto em relação ao processo cautelar, no art. 805 do CPC anterior.

Rodolfo de Camargo Mancuso[94] ressalta que o Código de Processo Civil adotou a teoria da *substanciação,* que consiste na circunstância de que a causa de pedir e o pedido determinam os limites em que se opera a jurisdição no caso concreto. Segundo teoria distinta que é a da *individualização,* a petição inicial indica fundamento geral para a pretensão e a decisão pode abranger todos os aspectos fáticos relevantes. A Lei de Ação Civil Pública, sem romper totalmente com o Código de Processo Civil nesse aspecto, aproximou-se da teoria da *individualização.* É inegável que a ação civil pública concede mais poder ao magistrado para lograr a tutela efetiva do interesse ou direito coletivo violado.

A interpretação restritiva do pedido não mais prevalece diante do art. 322, § 2º, do Código de Processo Civil, que estabelece que a interpretação do pedido considerará o conjunto da postulação e observará o princípio da boa-fé.

A cumulação de pedidos é admitida na ação civil pública, inclusive para reunir pleitos que, pela lei, poderiam dar a impressão de seguirem ritos distintos. É o caso da ação que, além de perseguir a tutela de interesses e direitos difusos e coletivos, formula pedidos alusivos a interesses e direitos individuais homogêneos. Em outros termos,

---

[94] MANCUSO, Rodolfo de Camargo. *Ação Civil Pública. Em defesa do meio ambiente, do patrimônio cultural e dos consumidores. Lei 7.347/1985 e legislação complementar.* 10. ed. São Paulo: Ed. Revista dos Tribunais, 2007, p. 89/90.

pode haver cumulação de pedidos consistentes em providências para o futuro, mediante cominação de multa (cominatórias), bem como com os que visam à recomposição dos bens lesados (reparatória) e, nesse caso, tanto no plano individual, quanto no coletivo.

4.4 Objeto da ACP Trabalhista

4.4.1 Amplitude do objeto da ação civil pública

A ação civil pública trabalhista pode veicular qualquer interesse ou direito coletivo que tenha relação com as matérias incluídas na competência da Justiça do Trabalho.

A tutela desses interesses e direitos coletivos se dá por meio da condenação em dinheiro ou o cumprimento de obrigações de fazer ou não fazer, para prestar a obrigação devida ou cessar a atividade lesiva, sob pena de execução específica ou cominação de multa diária (art. 3º da Lei nº 7.347/1985). Como ressaltado, o art. 83 da Lei nº 8.078/1990 admite todas as espécies de ações necessárias para a *adequada e efetiva tutela.*

Considerando a amplitude da tutela, esclarece Melo[95]:

> Dessa forma, sem qualquer dúvida, pode-se afirmar que a Ação Civil Pública pode ter por objeto um comando condenatório, cautelar, declaratório, constitutivo (positivo ou negativo), mandamental, de liquidação e de execução ou qualquer outra espécie, desde que necessário para a tutela dos direitos e interesses difusos coletivos e individuais homogêneos.

---

[95] MELO, Raimundo Simão de. *Ação civil pública* cit., p. 159.

Nas ações individuais é possível contabilizar os custos, com mais margem para lucrar com a violação de direitos, por uma séria de fatores. Na ação civil pública, o juiz pode aplicar multa com o valor que seja necessário para impedir a violação ou fazer cessá-la imediatamente, uma vez que não há qualquer tarifamento ou limite. E, geralmente, o valor dessas multas é bastante elevado. As indenizações, por sua vez, possuem o caráter reparatório e punitivo, desestimulando novas condutas da espécie. Nesse caso, há uma preocupação com a prevenção, em relação a condutas futuras, considerando danos provocados pelo ilícito. Há, ainda, a possibilidade de impedir que danos iminentes se tornem efetivos.

A tutela inibitória cumpre essa função preventiva. Ela se dá por meio de ação de conhecimento, cujo intuito é "impedir a prática, a repetição ou a continuação do ilícito"[96]. Essa modalidade de providência jurisdicional se dirige ao próprio direito material que, em situações de ameaças, reclama tutela diferenciada.

De acordo com o art. 5º, XXXV, da Constituição, o acesso à Justiça é assegurado não só para a lesão a direito, mas também à ameaça a direito.

Como esclarece Luiz Guilherme Marinoni:

> Na verdade, há direito fundamental à efetividade da tutela jurisdicional e, assim, direito fundamental à tutela preventiva, o qual incide sobre o legislador – obrigando-o a instituir as técnicas processuais capazes de permitir a tutela preventiva – e sobre o juiz – obrigando-o a interpretar as normas processuais de modo a delas retirar instrumentos processuais que realmente viabilizem a concessão de tutela de prevenção[97].

[96] MARINONI, Luiz Guilherme. *Técnica Processual e tutela dos direitos.* 4. ed. rev. e atual, São Paulo: Revista dos Tribunais, 2013, p. 200.

[97] MARINONI, Luiz Guilherme. Op. cit., p. 203.

A ação inibitória dirige-se para o futuro, não se referindo, portanto, ao ressarcimento do dano, de modo que não se vincula a seus elementos determinantes, como culpa ou dolo. Seu manejo é possível mediante a probabilidade do ilícito, ainda que não haja previsão de dano. Ela pode buscar imposição de fazer ou não fazer, considerando que a ameaça a direitos se dá mediante ação ou omissão. Pode o magistrado, em lugar de um não fazer, determinar um fazer que produza resultados equivalentes, de acordo com as peculiaridades do caso concreto, com base nos arts. 497 do Código de Processo Civil e 84 do Código de Defesa do Consumidor, a menos que haja imposição legal de determinada conduta, caso em que deverá ser assegurada.

O Tribunal Superior do Trabalho tem admitido amplamente a tutela inibitória cumulada com reparatória[98].

Da mesma forma, foram superadas as resistências no sentido de admitir a ação civil pública para o cumprimento das normas do ordenamento jurídico, uma vez que os dispositivos alusivos a essa ação não fazem distinção entre "obrigações positivas e negativas, de fazer ou não fazer, omissivas ou comissivas"[99]. Evidentemente, os legitimados não ajuizarão ações aleatórias para que empregadores cumpram a lei. Essas ações são ajuizadas após recebimento de denúncias e investigação sobre descumprimento ou de ameaça a descumprimento do ordenamento jurídico. Se a violação ou ameaça não são constatadas, o procedimento ou inquérito é arquivado, sem o ajuizamento da ação.

---

[98] RR 11700-06.2006.5.23.0031, Rel. Min. Luiz Philippe Vieira de Mello Filho, j. 10/11/2010, 1ª Turma, publ. 19/11/2010.

[99] TST-E-ED-RR-115600-15.2004.5.03.0004, Rel. Min. Lélio Bentes Corrêa, DEJT 09/03/2012.

A tutela inibitória não se confunde com a tutela de remoção do ilícito, que persegue a eliminação de ato já praticado em desconformidade com o ordenamento jurídico. Enquanto a ação inibitória diz respeito a um agir ou não agir, a de remoção do ilícito relaciona-se com os efeitos de determinada prática. Segundo Marinoni[100], apenas "quando o ilícito se prolonga no tempo, deixando em aberto a possibilidade de danos, é que há interesse de agir em sua remoção".

Portanto, ilícito e dano são conceitos distintos, de modo que a remoção do ilícito visa evitar o potencial dano. O dano efetivo reclama reparação. Por outro lado, o dano efetivo não implica, necessariamente, a sua comprovação, para fins de reparação. Esse ponto será desenvolvido na parte alusiva ao dano moral.

A tutela coletiva, como já afirmado, não alcança apenas os interesses e direitos difusos e coletivos, mas também os individuais homogêneos, devendo, sempre que possível, buscar-se a tutela integral, no sentido de resolver o problema como um todo e não por partes. Consequentemente, é possível numa única ação cumular pedidos de obrigações de fazer e não fazer com pedidos de reparação tanto no plano coletivo quanto individual. Mesmo nos interesses individuais homogêneos, há uma etapa de indivisibilidade e generalidade que decorrem da origem comum, sendo perfeitamente possível a adoção de um procedimento único, ainda que, em determinado momento, a reparação individualizada passe a observar procedimento próprio.

Nesse sentido, destaca-se parte da ementa de acórdão do Tribunal Superior do Trabalho:

---

[100] MARINONI, Luiz Guilherme. Op. cit., p. 214.

> Ressalte-se que um mesmo fato, desde que tendo impacto sociocomunitário, pode dar origem tanto a interesses difusos, como a coletivos, como ainda a individuais homogêneos. Desse modo, nada impede que em uma mesma ação civil pública se cumulem pretensões de obrigação de fazer, de não fazer ou de suportar e de condenação pecuniária por dano genérico, relativas aos direitos difusos e coletivos, com demanda reparatória decorrente das lesões perpetradas aos direitos individuais homogêneos. Aliás, tal medida vai ao encontro dos princípios de economia e celeridade processuais, tão estimados nesta Justiça Especializada[101].

Admite-se, também, como objeto da ação civil pública, a declaração incidental de inconstitucionalidade de ato normativo. Essa questão já foi examinada inúmeras vezes pelo Supremo Tribunal Federal e sua posição é de que a declaração de inconstitucionalidade não pode figurar como objeto central da ação civil pública, mas admite que seja pronunciada incidentalmente, para se chegar ao deferimento dos pedidos nela deduzidos.

A parte da ementa abaixo transcrita assim o demonstra:

> (...) 2. A jurisprudência do Supremo Tribunal é firme no sentido de que o Ministério Público detém legitimidade para o ajuizamento de ação civil pública que tenha por objeto a declaração incidental de inconstitucionalidade de ato normativo (...)[102].

---

[101] AIRR 971-53.2012.5.03.0002 , Rel. Min. Mauricio Godinho Delgado, j. 11/12/2013, 3ª Turma, publ. 13/12/2013.

[102] RE 471946/SP, Rel. Min. Dias Toffoli, j. 25/06/2013, DJe divulg. 09/09/2013, publ. 10/09/2013.

Se os empregadores contabilizam os ganhos no processo na ação trabalhista individual, nas ações civis públicas podem desembolsar vultosas quantias, no caso de ameaças ou violações a direitos transindividuais.

4.4.2 A exigibilidade, correção e promoção de políticas públicas por meio de ação civil pública

A ação civil pública pode ter como objeto a promoção de políticas públicas. Entende--se por políticas públicas o conjunto de programas e ações conduzido pelo Estado, diretamente ou indiretamente, para alcançar a prestação de serviços correspondentes à efetivação dos direitos sociais, como saúde, educação e trabalho,

Em princípio, não compete ao Poder Judiciário se ocupar de políticas públicas, cuja formulação e execução estão a cargo dos Poderes Legislativo e Executivo. Porém, as omissões desses poderes na adoção de providências para a prestação de serviços de interesse geral representam violação ao texto constitucional. Nesse caso, cabe ao Poder Judiciário, diante do conflito de interesses, assumir, de maneira excepcional, uma postura ativa, para que inúmeras demandas sociais, que deixam de ser atendidas em razão da omissão dos poderes públicos, possam receber algumas respostas.

A própria Constituição, no art. 129, II, inclui entre as funções do Ministério Público a de zelar pelo efetivo respeito dos Poderes Públicos e dos serviços de relevância pública aos direitos assegurados nesta constituição, promovendo as medidas necessárias a sua garantia.

Cassio Casagrande[103], em estudo sobre o Ministério Público e a judicialização da política, aponta como as decisões do Poder Judiciário,

---

[103] *Ministério Público e a judicialização da política. Estudos de casos.* Porto Alegre: SAFE, 2008, p. 94.

nessa matéria, aproximam-se das atividades legislativas e executivas. Segundo o autor, há casos em que:

> (...) a judicialização da política por meio de ação civil se caracteriza por uma atividade aparentemente legislativa do magistrado, que com sua decisão estabelecerá a norma a ser observada no caso concreto, com a peculiaridade de que esta decisão, dada a sua eficácia ***erga omnes*** – típica dos processos coletivos –, valerá para toda a comunidade de pessoas, em tese, até mesmo sobre todo território nacional, conforme o caso. Ou seja, a decisão terá a mesma repercussão geral da lei, pelo menos até que o Poder Legislativo (ou o Supremo Tribunal Federal...) adote outra solução para resolver a antinomia ou o vácuo legislativo.
>
> Outra possibilidade de 'judicialização da política' por meio da ação civil pública está relacionada não a uma atividade aparentemente legislativa do Judiciário, mas sim a uma possível determinação de obrigação a ser cumprida pelo Poder Executivo. Como já foi salientado em diversas passagens, os direitos do Estado do Bem-Estar Social previstos na Constituição de 88 foram dotados de eficácia jurídica, vale dizer, houve a conformação de um sistema processual para que os direitos sociais não permanecessem no texto constitucional como uma mera declaração de princípios, como tradicionalmente ocorria em outros regimes anteriores.

A jurisprudência do Supremo Tribunal Federal é inquestionável, no sentido da possibilidade de implementação de políticas públicas, por meio de ação civil pública proposta pelo Ministério Público, como se verifica na parte da seguinte ementa:

> Esta Corte já firmou a orientação de que o Ministério Público detém legitimidade para requerer, em Juízo, a implementação de políticas públicas por parte do Poder Executivo, de molde a assegurar a concretização de direitos difusos, coletivos e individuais homogêneos garantidos pela Constituição Federal, como é o caso do acesso à saúde. 2. O Poder Judiciário, em situações excepcionais, pode determinar que a Administração Pública adote medidas assecuratórias de direitos constitucionalmente reconhecidos como essenciais, sem que isso configure violação do princípio da separação de poderes. 3. Agravo regimental não provido[104].

O Tribunal Superior do Trabalho reconhece a competência da Justiça do Trabalho, para a determinação de providências necessárias à implementação e correção de políticas públicas. Por exemplo, o tribunal admitiu a competência da Justiça do Trabalho para a implementação de políticas públicas visando a erradicação do trabalho infantil[105].

4.4.3 Ações civis públicas que tenham por objeto convenções e acordos coletivos de trabalho que violam o ordenamento jurídico

A ação civil pública pode também ter como objeto a declaração de nulidade e desconstituição de cláusulas de convenções e acordos coletivos de trabalho, cumuladas com condenação de obrigações cominatórias e reparatórias.

---

[104] AI 809018 AgR, Rel. Min. Dias Toffoli, Primeira Turma, j. 25/09/2012, DJe-199 Divulg. 09/10/2012, publ. 10/10/2012.

[105] RR 75700-37.2010.5.16.0009, Rel. Min. Mauricio Godinho Delgado, j. 17/09/2013, 3ª Turma, publ. 20/09/2013.

O art. 83, IV, da Lei Complementar nº 75/1993 diz competir ao Ministério Público do Trabalho propor as ações cabíveis para declaração de nulidade de cláusula de contrato, acordo coletivo ou convenção coletiva que viole as liberdades individuais ou coletivas ou os direitos individuais indisponíveis dos trabalhadores.

Interpretação restritiva conduz alguns órgãos do Poder Judiciário trabalhista ao entendimento de que apenas a ação anulatória é cabível na atuação do Ministério Público do Trabalho contra cláusulas de instrumentos coletivos que violem os direitos sociais dos trabalhadores. Segundo a jurisprudência atualmente consolidada, a ação anulatória observa o rito dos dissídios coletivos e a competência funcional para seu processamento e julgamento é originária dos tribunais trabalhistas. Além disso, a interpretação prevalecente é a de que o provimento possível nessas ações é o declaratório e constitutivo-negativo.

O entendimento de que apenas a ação anulatória é cabível na hipótese, e não a ação civil pública, não reflete os princípios constitucionais de proteção ao trabalho, tampouco a lógica das ações coletivas estabelecida no art. 83 da Lei nº 8.078/1990, no sentido de que para a defesa dos interesses e direitos coletivos são admitidas todas as ações que propiciem sua adequada e efetiva tutela.

A pronúncia da nulidade de cláusula de convenção ou acordo coletivo de trabalho, mediante ação civil pública, é *incidenter tantum* e tem sido admitida pelo Tribunal Superior do Trabalho[106].

---

[106] RR 166-25.2013.5.09.0091, Rel. Min. Alberto Luiz Bresciani de Fontan Pereira, j. 30/09/2015, 3ª Turma, publ. DEJT 02/10/2015.

4.5 Rito processual da ACP trabalhista

A Lei nº 7.347/1985, em seu artigo 19, prevê a aplicação do Código de Processo Civil no que não contrariar suas disposições. No art. 21, prevê, no que for cabível, a aplicação do Título III do Código de Defesa do Consumidor (Lei nº 8.078/1990).

Como observa Mancuso[107], "o legislador buscou inserir na lei alguns aspectos processuais que lhe pareceram mais relevantes, e, no mais, inclusive quanto ao procedimento, optou pela remissão subsidiária ao Código de processo Civil".

Da mesma forma, no Direito Processual do Trabalho, o Código de Processo Civil também é de aplicação subsidiária e supletiva, por força dos arts. 769 da Consolidação das Leis do Trabalho e 15 do Código de Processo Civil em caso de omissão. O conceito de omissão é amplo, não se restringindo à ausência de disposição normativa (lacuna normativa) para regular o ato, mas também disposição que se mostre mais adequada do que a prevista no direito processual trabalhista para lograr celeridade e efetividade na decisão a ser proferida ao final (lacuna axiológica). A efetividade das decisões é o foco central da tutela de interesses e direitos coletivos, em torno do qual devem gravitar as disposições procedimentais. Nesse aspecto, como já ressaltado anteriormente, a instrumentalidade do processo coletivo é ainda mais perceptível e justificável.

De acordo com a Instrução Normativa nº 27[108] do Tribunal Superior do Trabalho, aplicam-se os ritos ordinário ou sumaríssimo nas ações ajuizadas na Justiça do Trabalho, excepcionando-se as sujeitas a rito especial, tais como o Mandado de Segurança, Habeas Corpus,

---

[107] MANCUSO, Rodolfo de Carmargo. Op. cit., p. 86.

[108] de 16 de fevereiro de 2005, aprovada pela Resolução nº 126, de mesma data, DJ 22/02/2005.

Habeas Data, Ação Rescisória, Ação Cautelar e Ação de Consignação em Pagamento. Não se fez menção à ação civil pública, de modo que, em princípio, ela seguirá o rito ordinário.

Porém, considerando a relevância dos interesses perseguidos, é frequente que as petições iniciais das ações civis públicas contenham pedidos de antecipação de tutela ou providências cautelares. Nesse caso, antes do procedimento padrão de a própria secretaria da Vara marcar a audiência, notificando o Réu da data designada, a petição deve ser imediatamente encaminhada ao Juiz, para análise e despacho.

A ação civil pública deve ter tramitação preferencial, ainda que não haja disposição legal expressa nesse sentido. Tal conclusão decorre do próprio caráter indisponível dos interesses, direitos e bens tutelados. Na prática, porém, várias ações são deixadas de lado, em razão do grau de complexidade que em geral elas possuem, havendo a inversão dessa lógica, em prejuízo da coletividade de trabalhadores. Ademais, cabem ao próprio Judiciário iniciativas no sentido de estimular a tramitação célere das ações coletivas em geral, mediante o aperfeiçoamento das estatísticas, podendo atribuir às ações civis públicas peso diferenciado do utilizado nas reclamações trabalhistas individuais.

Na fase recursal, todavia, seria de todo conveniente uma estruturação especializada para as ações coletivas, embora isso exija alteração do próprio sistema recursal. Considerando que a ação civil pública é ajuizada no primeiro grau de jurisdição, a tramitação recursal observa o mesmo procedimento das reclamações trabalhistas. Sendo assim, eventual recurso de embargos interposto de acórdão prolatado em recurso de revista irá para a Subseção 1 de Dissídios Individuais do Tribunal Superior do Trabalho, o que, pelo menos no aspecto simbólico, gera perplexidade: ação de natureza coletiva sendo julgada por órgão especializado em matéria individual.

No tocante ao negócio jurídico processual (arts. 190 e 191 do CPC), de difícil compatibilidade com o processo individual do trabalho, há previsão da utilização das convenções processuais pelo Ministério Público, a fim de buscar a tutela mais efetiva dos interesses perseguidos e dos direitos fundamentais processuais, podendo ser incluída como cláusula de termo de ajuste de conduta (arts. 15 a 17 da Res. nº 118/ CNMP).

4.6 Legitimidade ativa e passiva. Legitimidade ordinária e extraordinária

4.6.1 Legitimidade ativa para a ação civil pública

O tema da legitimidade ativa na ação civil pública é fundamental para a tutela coletiva, pois rompe com a tradição individualista, por meio da qual a titularidade dos direitos é individual, assim como a possibilidade de levá-los ao Judiciário (legitimação ordinária), salvo nos casos expressos de substituição processual, por meio da qual o direito subjetivo é defendido por terceiro, hipótese de legitimação extraordinária.

A Lei nº 7.347/1985 enumera no art. 5º os legitimados para a ação civil pública. São eles o Ministério Público; a Defensoria Pública; a União, os Estados, o Distrito Federal e os Municípios; a autarquia, empresa pública, fundação ou sociedade de economia mista; a associação que esteja constituída há mais de um ano e inclua entre suas finalidades institucionais a proteção ao meio ambiente, ao consumidor, à ordem econômica, à livre concorrência ou ao patrimônio artístico, estético, histórico, turístico e paisagístico.

Apesar de a Lei nº 8.078/1990, no art. 81, parágrafo único, mencionar, acerca da titularidade dos interesses difusos, pessoas indeterminadas ligadas umas às outras por circunstâncias fáticas, não podem ser elas titulares do direito indivisível, mas apenas da porção que lhes diz respeito. Se elas ingressam em juízo, a decisão se restringe, em princípio, à reparação do dano relativo a essas pessoas. Por isso que, a rigor, a titularidade do direito difuso é a coletividade, ainda que sua extensão não possa ser precisada. O mesmo ocorre com os interesses e direitos coletivos e individuais homogêneos[109].

Há na doutrina quem defenda que a legitimação para a ação civil pública é ordinária. Outros advogam a tese de que se trata de legitimação autônoma. Por fim, há corrente que defende que a legitimação é extraordinária[110]. Prevalece na jurisprudência esta última[111].

Ao refletir sobre as diversas posições, percebe-se que a substituição é da coletividade como um todo e não dos integrantes do grupo. A coletividade abstrata não comparece, nem fala por si, mas sempre pelo legitimado previsto na lei. A determinação da

---

[109] A posição de GIDI é a que parece mais adequada nesse aspecto. GIDI, Antonio. Coisa julgada e litispendência em ações coletivas cit., p. 25 e s.

[110] Exemplo de quem defende a tese de que a legitimação é ordinária cite-se Kazuo Watanabe. Cf. GIDI. Op. cit., p. 33. Nelson Nery Junior e Rosa Maria de Andrade Nery optam pela legitimação autônoma, para diferenciar da legitimação ordinária quando o legitimado atua em defesa de seu interesse enquanto pessoa jurídica. *Constituição Federal comentada e legislação constitucional,* atual. até 10 de abril de 2006, São Paulo, RT, p. 183. Em relação à legitimidade extraordinária, a corrente que a defende é encabeçada por José Carlos Barbosa Moreira. GIDI, considerando que há consenso que na hipótese de interesses e direitos individuais homogêneos cuida-se de legitimação extraordinária, não vislumbra diferenças em relação aos legitimados para a defesa dos demais interesses e direitos coletivos, embora coloque em dúvida tal enquadramento. Op. cit., p. 33 e s.

[111] A jurisprudência do STF vem enquadrando as hipóteses de tutela coletiva como modalidade de legitimação extraordinária, inclusive quando se trata de defesa de interesses coletivos estrito senso e difusos. No STF-RE 368.060-9, DJ 28/10/2005, foi reconhecida a legitimidade do Ministério Público, "como substituto processual de toda a coletividade e na defesa de autêntico interesse difuso", para, por meio de ação civil pública, impedir lesão ao patrimônio público. De acordo com o RE 463.149-1, DJ 14/11/2005, as entidades legitimadas para o mandado de segurança coletivo atuam na qualidade de substitutas processuais, sem necessidade da autorização prevista no art. 5º, XXI, da Constituição.

legitimidade das associações, por exemplo, é aferida levando-se em conta aspectos objetivos, qual seja, pertinência temática.

Segundo Pedro Lenza[112], a legitimação para a ação civil pública é extraordinária, autônoma, concorrente e disjuntiva. Extraordinária porque há a substituição da coletividade, titular do direito material, pela entidade prevista em lei. Autônoma, porque a presença do titular do direito material é totalmente dispensável. Concorrente, no sentido de que os legitimados concorrem igualmente para a propositura da ação civil pública. Disjuntiva, considerando que cada um dos legitimados pode ajuizar a ação sem necessidade de anuência ou autorização dos demais legitimados.

Como ressalta Borba, a legitimação para a defesa de interesses coletivos "exige que o portador em juízo desses interesses ou direitos apresente as necessárias condições de seriedade e idoneidade", considerando que é o legitimado que participa do contraditório e não os integrantes do grupo[113].

4.6.2 Legitimidade do Ministério Público do Trabalho para a defesa de interesses e direitos coletivos

No art. 83, III, da Lei Complementar nº 75, de 20/05/1993, entre as atribuições do Ministério Público do Trabalho, incluiu-se a de promover a ação civil pública no âmbito da Justiça do Trabalho, para defesa de interesses coletivos, quando desrespeitados os direitos sociais constitucionalmente garantidos. O art. 84 complementa referido dispositivo ao dizer que incumbe ao Ministério Público do

---

[112] LENZA, Pedro. *Teoria geral da ação civil pública*. 3. ed. São Paulo: Revista dos Tribunais, 2003, p. 180.

[113] BORBA, Joselita Nepomuceno. *Legitimidade concorrente na defesa dos direitos e interesses coletivos e difusos*. São Paulo: LTr, 2013, p. 50.

Trabalho exercer as funções institucionais previstas nos Capítulos I, II, III e IV do Título I, entre elas, no inciso II, instaurar inquérito civil e outros procedimentos administrativos, sempre que cabíveis, para assegurar a observância dos direitos sociais dos trabalhadores. No Capítulo II do Título I, estabelece-se que compete ao Ministério Público da União, ao lado de outras atuações, a de promover o inquérito civil público e a ação civil pública para defender, entre outros interesses, os individuais indisponíveis, homogêneos, sociais, difusos e coletivos.

A reação inicial do Tribunal Superior do Trabalho às ações civis públicas ajuizadas pelo Ministério Público do Trabalho não levou em conta tais aspectos. Por uma leitura restritiva do art. 83, III, da Lei Complementar nº 75/1993, o Tribunal entendeu que a ação civil pública só poderia ser veiculada para a defesa de interesses coletivos e difusos. Desconsiderou-se o disposto no art. 84 da lei, que remete ao art. 6º do mesmo dispositivo legal, onde se prevê expressamente a legitimidade do Ministério Público da União para promover o inquérito civil e a ação civil pública para a defesa, entre outros, dos interesses individuais homogêneos (inc, VII, *d*).

O Supremo Tribunal Federal possui precedente sobre a legitimidade do Ministério Público para as ações civis públicas, especialmente na defesa dos interesses e direitos individuais homogêneos. O chamado caso das mensalidades escolares[114] considerou as atribuições constitucionais do Ministério Público, para abordar a questão de maneira paradigmática, ao afirmar que

[114] RE 163.231, DJ de 29/06/2001.

> quer se afirme interesses coletivos ou particularmente interesses homogêneos, *stricto sensu*, ambos estão cingidos a uma mesma base jurídica, sendo coletivos, explicitamente dizendo, porque são relativos a grupos, categorias ou classes de pessoas, que conquanto digam respeito às pessoas isoladamente, não se classificam como direitos individuais para o fim de ser vedada a sua defesa em ação civil pública, porque sua concepção finalística destina-se à proteção desses grupos, categorias ou classe de pessoas.

O Supremo enquadrou o aumento abusivo das mensalidades escolares como interesses de origem comum, individuais homogêneos, afastando a ilegitimidade do Ministério Público para, por via da ação civil pública, coibi-lo, especialmente por se tratar de educação, que possui amparo constitucional, como dever do Estado e obrigação de todos. Referida decisão inclui os interesses individuais homogêneos como subespécie do gênero interesses coletivos suscetíveis de proteção pela ação civil pública. Essa decisão serviu de precedente para o julgamento de recurso extraordinário em matéria trabalhista, fixando o entendimento de que independentemente de a lei o fixar, é a Constituição que especifica os interesses para a atuação do Ministério Público em sua defesa[115].

As sucessivas decisões do Supremo Tribunal Federal, no sentido da legitimidade ampla do Ministério Público do Trabalho[116], acabaram por provocar, ainda que de forma não imediata, a mudança da

---

[115] RE 213.015-0, DJ de 24/05/2002.

[116] RE 393.229, DJ de 02/02/2004; RE 394.180, DJ de 19/08/2004.

jurisprudência do Tribunal Superior do Trabalho. A legitimidade ampla alcança os interesses sociais relevantes, ainda que disponíveis[117].

O Supremo Tribunal Federal adota o mesmo posicionamento, no sentido de reconhecer a legitimidade do Ministério Público para a ação civil pública ajuizada para a defesa de interesses individuais homogêneos disponíveis, conforme a ementa abaixo:

> Processual civil. Agravo Regimental no Recurso Extraordinário. Ação Civil Pública. Defesa de interesses individuais homogêneos disponíveis. Legitimidade ativa do Ministério Público. Precedentes. 1. O Ministério Público possui legitimidade para propor ação civil coletiva em defesa de interesses individuais homogêneos de relevante caráter social, ainda que o objeto da demanda seja referente a direitos disponíveis (RE 500.879-AgR, rel. Min. Cármen Lúcia, Primeira Turma, DJe 26/05/2011; RE 472.489-AgR, rel. Min. Celso de Mello, Segunda Turma, DJe 29/08/2008). 2. Agravo regimental a que se nega provimento[118].

4.6.3 Legitimidade dos sindicatos para a ação civil pública

A Lei nº 7.347/1985 prevê a legitimidade das associações para a ação civil pública, desde que esteja constituída há pelo menos um ano, nos termos da lei civil e inclua em suas finalidades institucionais a proteção ao meio ambiente, ao consumidor, à ordem econômica, à livre concorrência ou ao patrimônio artístico, estético, histórico, turístico e paisagístico.

---

[117] E-RR 411489-59.1997.5.22.5555. Rel. Min. Lelio Bentes Corrêa, j. 07/11/2006, publ. DJ de 07/12/2007.

[118] RE 401482 AgR, Rel. Min. Teori Zavascki, Segunda Turma, j. 04/06/2013, DJe-119, Divulg. 20/06-/2013, publ. 21/06/2013.

Trata-se de uma espécie *representação adequada*, não exatamente nos moldes da *class action* do direito norte-americano, porém com o mesmo espírito de se estabelecer garantias para que o autor da ação possua condições de levar até o final a defesa dos interesses coletivos em nome de todos os possíveis beneficiários. No sistema norte-americano a aferição da *representação adequada* é realizada pelo juiz no curso do processo, enquanto nosso sistema é determinado pela lei, havendo menor espaço para a avaliação da adequada representação pelos magistrados. Na doutrina nacional, há inclusive discussão se poderia o juiz realizar esse controle, se o autor figura do rol de legitimados previsto na lei. A posição majoritária é no sentido de negar essa possibilidade. Porém há entendimentos de que o juiz não só pode como deve avaliar se é adequada a representação dos interesses objeto da ação civil pública[119].

Em relação à última exigência legal para a legitimidade das associações, alusiva à pertinência com as matérias previstas na Lei nº 7.347/1985, não há dúvida de que o sindicato, no âmbito trabalhista, é a entidade privada própria para exigir o cumprimento da legislação trabalhista.

Não se aplica aos sindicatos a exigência prevista na Lei nº 7.347/1985, art. 5º, V. O sindicato, a partir do momento em que obtém seu registro, está apto a atuar, com amplitude e liberdade, na defesa dos direitos e interesses coletivos e individuais da categoria (art.

---

[119] GIDI, Antonio. A *class action como instrumento de tutela coletiva dos direitos*. "As ações coletivas em uma perspectiva comparada". São Paulo: Revista dos Tribunais, 2007, p. 129 e 134. GIDI, Antonio, A Representação Adequada Nas Ações Coletivas Brasileiras: Uma Proposta (Adequacy of Representation in Brazilian Class Actions: A Proposal) (December 13, 2012). *Revista de Processo*, Vol. 108, No. 61, 2002, U of Houston Law Center No. 2007-A-41, Available at SSRN: https://ssrn.com/abstract=1016416.

8º, III, CF), de modo que eventual exigência nesse sentido não seria compatível com o texto constitucional.

O Supremo Tribunal Federal já se manifestou sobre o tema, em sede de mandado de segurança coletivo, que no art. 5º, LXX, *b*, prevê, como a Lei de Ação Civil Pública, constituição legal da associação e funcionamento há pelo menos um ano e não se aplicando aos sindicatos[120].

Os sindicatos possuem legitimidade do sindicato para a ação civil pública, especialmente quando voltada para a tutela dos interesses individuais homogêneos e coletivos. E quanto aos interesses difusos? Haveria restrição pelo fato de a Constituição mencionar interesses individuais e coletivos, sem incluir os difusos? O termo *coletivo* estaria ali empregado no sentido estrito? Parece perfeitamente possível admitir a atuação do sindicato voltado para interesses e direitos que se encontram dentro de sua esfera de atuação, mas que afetem a situação de quem não integra a categoria. Isso pode ocorrer em atuações corretivas relacionadas a meio ambiente de trabalho, ao Fundo de Garantia por Tempo de Serviço, à obrigatoriedade de concurso público, entre diversos outros exemplos. De qualquer forma, deve haver pertinência entre os eventuais interesses e direitos difusos resguardados e os interesses e direitos dos integrantes da categoria representada pelo sindicato. Portanto, o termo *coletivo* incluído no art. 8º da Constituição possui alcance abrangente e não restrito.

O Supremo Tribunal Federal não reconhece a legitimidade do Ministério Público, como de associações em geral e sindicatos, em ações civis públicas que tenham como objeto tributo. Na ementa abaixo transcrita, essa foi a razão da negativa da legitimidade do

---

[120] RE 198919, tendo como Relator o Ministro Ilmar Galvão, j. 15/06/1999, DJ de 24/09/1999.

sindicato. Porém, de seu teor se extrai que em outras hipóteses o sindicato possui legitimidade não só para os interesses coletivos no sentido estrito, mas também difusos.

> Segundo Agravo Regimental no Recurso Extraordinário. Ação Civil Pública. Ilegitimidade ativa do sindicato. Pedido que não se enquadra entre as finalidades estatutárias da entidade sindical. 1. A propositura de Ação Civil Pública por sindicato ou associação, exige que o ente coletivo comprove a relação entre suas finalidades institucionais e os direitos e interesses difusos e coletivos defendidos (art. 5º, *b*, da Lei nº 7.347/1985). 2. As entidades sindicais não detém legitimidade ativa para propor ação civil pública que verse sobre tributo. 3. *In casu*, o acórdão recorrido assentou: Processual. Ação Civil Pública proposta por sindicato. Ilegitimidade ativa em face da natureza do pedido – Extinção do processo. Carece o sindicato de servidores públicos de legitimidade para propor ação civil pública visando compelir o Estado e fundação estadual a liquidarem dívida para com o instituto previdenciário. 4. Agravo regimental a que se nega provimento[121].

O sindicato, na ação civil pública, atua na condição de substituto processual. Como já definido na jurisprudência do Supremo Tribunal Federal, é desnecessário que haja autorização dos substituídos ou apresentação de rol dos substituídos, sendo, ao contrário, totalmente inoportuna a juntada de relação de possíveis beneficiários por ocasião do ajuizamento. A individualização somente ocorrerá no

---

[121] Segundo Ag.Reg. no RE 606722 , Rel. Min. Luiz Fux, Primeira Turma, j. 26/02/2013, DJe-053 Divulg., 19/03/2013, publ. 20/03/2013.

momento previsto no art. 97 da Lei nº 8.078/1990, salvo na hipótese de litisconsórcio facultativo, como previsto no art. 94 da referida lei.

O art. 2º-A da Lei nº 9.494/1997, em seu parágrafo único, prevê que:

> Nas ações coletivas propostas contra a União, os Estados, o Distrito Federal, os Municípios e suas autarquias e fundações, a petição inicial deverá obrigatoriamente estar instruída com a ata da assembleia da entidade associativa que a autorizou, acompanhada da relação nominal dos seus associados e indicação dos respectivos endereços.

Referido dispositivo integra conjunto de medidas que visam enfraquecer a ação civil pública, em benefício, principalmente, de entidades públicas. O Supremo Tribunal Federal já afastou essa exigência, por exemplo, em mandado de segurança coletivo impetrado por sindicato, extinto nos termos do art. 267 do Código de Processo Civil anterior, no Superior Tribunal de Justiça, justamente pela não observância do parágrafo único do art. 2º da Lei nº 9.494/1997, uma vez que aquele tribunal possui jurisdição nacional[122]. Da mesma forma, em relação às ações regidas pela Lei de Ação Civil Pública e pelo Código de Defesa do Consumidor[123].

A eficácia *erga omnes* ou *ultra partes*, que não comporta limitação em razão da competência, como visto, não é compatível com a exigência de relação nominal dos substituídos, ou mesmo sua consideração, caso opte o sindicato autor por apresentá-la.

O sindicato, diante da constatação de violação de interesses e direitos da coletividade de trabalhadores, deveria atuar em defesa

---

[122] RMS 23.566, DJ 12/04/2002.

[123] STF. Recurso Extraordinário nº 612043. Tema de Repercussão Geral nº 499. Rel. Min. Marco Aurélio. DJe 06/10/2017. Disponível em: www.stf.jus.br. Acesso em: 17 ago. 2021.

da categoria. A pretensão de segregar, para beneficiar apenas os que sejam a eles filiados, não é compatível com a tutela coletiva. Contudo, a reforma trabalhista (Lei nº 13.467/2017) extinguiu o vínculo financeiro e jurídico que o sindicato possuía com o trabalhador não filiado. Não é possível extrair dos dispositivos constitucionais que os sindicatos, pessoas jurídicas de direito privado, devam exercer funções de poder público, no sentido de atuar em benefício de trabalhadores que não estão a eles vinculados.

O Tribunal Superior do Trabalho limita a atuação ao rol de substituídos, quando existente, embora o fundamento de assim proceder seja a coisa julgada[124].

Adamovich[125] cogita a possibilidade de atuação de federações e confederações nas hipóteses de danos que extrapolem a base territorial dos sindicatos.

Contudo, pode haver discussão acerca da legitimidade para a ação civil pública de federações e confederações, sem autorização dos sindicatos que representam os trabalhadores alcançados pelos danos ou ameaçados por sua ocorrência, considerando que a Constituição atribui aos sindicatos a defesa dos interesses e direitos violados.

4.6.4 Legitimidade passiva. A participação do réu. Contraditório e defesa

Enquanto no polo ativo da ação civil pública se destaca a figura da legitimação extraordinária, no polo passivo prevalece a legitimação ordinária, salvo na ação coletiva passiva.

---

124 RR 181-03.2012.5.12.0040, Rel. Min. José Roberto Freire Pimenta, j. 04/12/2013, 2ª Turma, publ. 13/12/2013.

125 ADAMOVICH, Eduardo Henrique Raymundo von. *Sistema da ação civil pública no processo do trabalho*. São Paulo: LTr, 2005, p. 272.

Existe discussão se os entes legitimados no art. 82 da Lei nº 8.078/1990 o são apenas para o polo ativo ou também para o passivo. Em princípio, ela não é admitida, uma vez que não está expressamente prevista na legislação.

Porém, segmento doutrinário apoia a legitimidade passiva coletiva, caso em que o controle da legitimidade seria feito pelo magistrado[126].

Como acentuam Didier Jr. e Zaneti Jr. não "admitir a ação coletiva passiva é negar o direito fundamental de ação àquele que contra um grupo pretende exercer algum direito: ele teria garantido o direito constitucional de exceção (defesa), mas não poderia demandar"[127].

Inclusive o direito de defesa pode ser mais efetivo quando realizado pelo sujeito coletivo. De fato, pensando na legitimidade do Ministério Público, não há dúvida de que a Instituição deve responder diretamente pelos questionamentos em juízo acerca de sua atuação judicial ou extrajudicial. Não faz sentido que os possíveis beneficiados com as providências a cargo da Instituição tivessem que assumir o ônus de produzir a defesa dos interesses tutelados, na hipótese de questionamento judicial. Nem mesmo a União é legitimada para produzir defesa nesse sentido.

No que se refere aos sindicatos, a jurisprudência do Tribunal Superior do Trabalho também admite a legitimidade passiva na hipótese de ação rescisória. A Súmula 406[128], no item II, prevê que o

> Sindicato, substituto processual e autor da reclamação trabalhista, em cujos autos fora proferida a decisão rescindenda, possui legitimidade

---

[126] DIDIER JR. e ZANETI JR. *Curso de Direito Processual Civil. Processo Coletivo* cit., p. 201.

[127] DIDIER JR. e ZANETI JR. *Curso de Direito Processual Civil. Processo Coletivo*, cit., p. 204.

[128] Res. 137/2005, DJ 22, 23 e 24/08/2005.

para figurar como réu na ação rescisória, sendo descabida a exigência de citação de todos os empregados substituídos, porquanto inexistente litisconsórcio passivo necessário.

Na Justiça do Trabalho, são frequentes ações coletivas ativas e passivas, envolvendo sindicatos ou sindicato e Ministério Público do Trabalho.

4.6.5 Litisconsórcio e intervenção de terceiros

Considera-se litisconsórcio a faculdade ou necessidade de reunião, no mesmo polo, de sujeitos na relação processual, podendo a decisão dispensar tratamento diferenciado ou unitário aos litisconsortes, de acordo com as circunstâncias do caso.

O litisconsórcio, como instituto jurídico voltado ao agrupamento de sujeitos no mesmo processo, encontra suas bases no processo individual.

A tutela coletiva possui sistemática própria para a efetividade dos direitos, desprendendo-se da correspondência exata entre titularidade e legitimidade para o processo e para a causa. Nas ações coletivas, o raio de ação das providências determinadas em decisão judicial alcança sujeitos que não integram a relação processual.

Assim, a referência a litisconsórcio na ação coletiva se aplica, em princípio, aos entes legitimados para ação, que não detêm a condição de titulares do direito material. Ademais, não há falar em decisões não uniformes, considerando a indivisibilidade da providência requerida por meio da ação civil pública.

O par. 2º do art. 5º da Lei nº 7.347/1985 estabelece que fica facultado ao Poder Público e a outras associações legitimadas nos termos deste artigo habilitar-se como litisconsortes de qualquer das partes.

Trata-se de litisconsórcio ativo ou passivo, facultativo e ulterior e unitário. Embora não haja menção, a doutrina entende pelo cabimento da assistência[129]. No litisconsórcio ulterior, aquele que intervém adita a inicial, modificando o seu objeto, ao passo que o assistente litisconsorcial ingressa sem alteração na demanda já proposta.

Discute-se sobre a possibilidade de o indivíduo ser admitido como assistente na ação civil pública, para a defesa de interesses difusos e coletivos, na qual a providência perseguida tenha pertinência com sua situação jurídica. A participação de assistentes pode comprometer o andamento do processo e, consequentemente, a tutela coletiva.

O problema é saber se a decisão *erga omnes* para a tutela indivisível pode afetar a situação jurídica do indivíduo, uma vez que o objeto não pode ser fracionado e a execução não se faz individualmente, mas tão somente no plano coletivo. Nada impede que a condenação em ação civil pública, diretamente relacionada à tutela indivisível, sirva como condenação genérica para ser liquidada e executada pelas vítimas na sua porção respectiva. Nesse aspecto, poderia figurar o interesse jurídico do indivíduo. A Lei nº 8.078/1990, no art. 99, prevê, em caso de concurso de créditos, a prioridade pelas ações de indenização pelos danos individuais. O art. 103, § 3º, prevê que os efeitos da coisa julgada na ação civil pública beneficiarão as vítimas e seus sucessores, que poderão proceder à liquidação e à execução, nos termos dos arts. 96 e 99.

Mazzilli[130] adota a seguinte posição:

> O sistema de legitimação extraordinária foi concebido justamente para permitir que indivíduos, fragmentariamente lesados pela violação de

---

[129] MANCUSO, Rodolfo de Carmargo. *Ação civil pública* cit., p. 216.

[130] MAZZILLI, Hugo Nigro. *A defesa* cit., p. 300.

> direitos, sejam substituídos no polo ativo de um único processo coletivo por um legitimado ativo, para obter-se uma só prestação jurisdicional que beneficie todo o grupo de pessoas lesadas. Pela sistemática vigente, excetuada a hipótese de ação popular, os indivíduos não poderão ser autores de ações em que se defendam interesses transindividuais (difusos, coletivos ou individuais homogêneos, de todo o grupo, classe ou categoria de pessoas), quer isoladamente, quer em litisconsórcio unitário facultativo, pois os legitimados ativos são aqueles do art. 5º da LACP e do art. 82 do CDC. Afinal, só pode ser litisconsorte ativo quem pode ser autor, e, normalmente, em matéria de ação civil pública ou coletiva, essa não é a situação da pessoa, individualmente considerada.

Adiante esclarece:

> Na defesa judicial de interesses difusos, normalmente não teremos indivíduos na posição de litisconsortes em ações civis públicas ou coletivas. Duas exceções sofre essa regra: a) a hipótese em que o cidadão poderia fazer idêntico pedido por meio de ação popular; b) a hipótese em que o indivíduo, lesado pelo mesmo dano que se discute na ação coletiva, pretenda beneficiar-se *in utilibus* do julgamento do processo coletivo, e, após ter requerido a suspensão de seu processo individual, habilite-se como assistente litisconsorcial no processo coletivo[131].

Para assim concluir:

> Em regra, portanto, a lei não limita extraordinariamente o indivíduo a defender *interesses difusos, coletivos e individuais homogêneos de*

---

[131] MAZZILLI, Hugo Nigro. *A defesa* cit. p. 300.

> *toda a categoria.* Como se viu, somente em limitada medida defenderá o seu próprio interesse por legitimação ordinária, no seio da ação civil pública ou coletiva.

Porém, ao se referir ao art. 94 da Lei nº 8.078/1990, adota interpretação ampliativa ao propor que à "vista do que dispõe o art. 104 do CDC, a nosso ver o art. 94 do CDC não só se aplica às hipóteses de interesses individuais homogêneos (expressamente) como de interesses coletivos ou difusos (analogicamente)"[132].

Não parece ser a mais adequada a extensão do previsto no art. 94 da Lei nº 8.078/1990 a outros interesses e direitos coletivos e não só aos individuais homogêneos. A redação do dispositivo prevê que proposta a ação, será publicado edital no órgão oficial, a fim de que os interessados possam intervir no processo como litisconsortes, sem prejuízo de ampla divulgação pelos meios de comunicação social por parte dos órgãos de defesa do consumidor.

O indivíduo que possa beneficiar-se da decisão na ação civil pública para a defesa de interesses e direitos coletivos e difusos não está legitimado para a ação e não será prejudicado pela decisão, de modo que, a rigor, não haveria sequer interesse jurídico para figurar como assistente litisconsorcial. Essa possibilidade em nada contribuiria para o desfecho do processo coletivo, podendo, ao contrário, retardar o seu andamento. Além disso, enquanto a não participação do indivíduo não o prejudica, a sua participação, sim poderia trazer-lhe prejuízo em caso de decisão desfavorável. Para agravar, ao admitir a assistência litisconsorcial no polo ativo, ela seria admissível também no polo passivo, inviabilizando ações civis

---

[132] MAZZILLI, Hugo Nigro. *A defesa* cit., p. 309, nota 35.

públicas nas hipóteses de terceirização ilícita e não realização de concurso público, para dar alguns exemplos na área trabalhista.

Sendo assim, o art. 94 da Lei nº 8.078/1990 aplica-se, exclusivamente, às ações para a defesa de interesses e direitos individuais homogêneos, de caráter reparatório.

Segundo Didier Jr. e Zaneti Jr.[133]:

> Não pode o particular intervir como assistente nas causas coletivas. Esta intervenção, que só poderia ser feita na qualidade de assistência simples, além de problemas de ordem prática, não se justifica pela absoluta ausência de interesse, pois o resultado do processo jamais poderia prejudicar-lhe: a coisa julgada coletiva só é transportada para a esfera particular *in utilibus*.

A possibilidade de litisconsórcio entre Ministérios Públicos decorre da maior efetividade da tutela, considerando a proximidade de atribuições em áreas específicas, sendo conveniente a parceria entre ramos e esferas da instituição.

O tema não é tranquilo, considerando que o Presidente da República vetou o § 2º do art. 82 da Lei nº 8.078/1990, que previa o litisconsórcio facultativo entre os Ministérios Públicos da União, do Distrito Federal e dos Estados, por considerá-lo inconstitucional, em razão da previsão de lei complementar no art. 128, § 5º, da Constituição para definir as atribuições e organização do Ministério Público.

O art. 113 da Lei nº 8.078/1990, que alterou dispositivos da Lei nº 7.347/1985, porém, não foi vetado e nele há previsão do litisconsórcio

133 DIDIER JR. e ZANETI JR. Op. cit., p. 237.

facultativo entre os Ministérios Públicos da União, do Distrito Federal e dos Estados, na defesa dos interesses coletivos.

As críticas feitas à possibilidade de litisconsórcio entre Ministérios Públicos referem-se à limitação da atuação institucional de acordo com a competência dos órgãos jurisdicionais, o Federal devendo agir na Justiça Federal e o Estadual, na Justiça estadual. A admissão do litisconsórcio violaria o princípio federativo.

Mazzilli rebate tais afirmações:

> Em nada desnatura o princípio federativo se o Ministério Público estadual detiver algumas funções perante a Justiça Federal ou se o Ministério Público Federal as tiver perante a Justiça estadual, como até há poucos anos ocorria nas execuções fiscais e ainda ocorre na Justiça eleitoral e trabalhista; nas cartas precatórias ou de ordem; na ação penal por tráfico de entorpecentes para o exterior; nas ações previdenciárias; na avaliação de renda e prejuízos decorrentes de autorização para pesquisa mineral; na possibilidade de o Ministério Público federal comparecer a tribunais locais para interpor recurso extraordinário[134].

De fato, não há razão para negar o litisconsórcio entre Ministérios Públicos. Pode ser estratégia relevante para a efetividade e integralidade da tutela. É, inclusive, recomendável nos casos em que há discussões sobre a competência do órgão judiciário.

Diversos réus em ações civis públicas alegam a necessidade de citar litisconsortes que por terem interesse na questão deveriam estar presentes. No âmbito trabalhista, são comuns tais alegações, sobretudo como mencionado nos casos de terceirização e de exigência

---

[134] MAZZILLI, Hugo Nigro. *A defesa* cit., p. 307.

de concurso público. No primeiro, afirma-se que condenação de não proceder à terceirização em desconformidade com o ordenamento jurídico afetará as empresas terceirizadas, que deveriam participar do processo para promoverem sua defesa. Na situação de ausência de concurso público, invoca-se a necessidade de ingressarem como parte os trabalhadores afetados pela decisão, que foram admitidos sem a observância da regra constitucional prevista no art. 37, II, da Constituição.

O Tribunal Superior do Trabalho já pacificou essa questão, no sentido de que os possíveis afetados pela futura decisão não possuem legitimidade para figurar no polo passivo da demanda[135].

O art. 88 da Lei nº 8.078/1990 veda a denunciação da lide. Tal dispositivo aplica-se às ações civis públicas ajuizadas na Justiça do Trabalho. A rigor, a denunciação da lide é incompatível com o processo do trabalho. Logo após a Emenda Constitucional nº 45/2004, foi cancelada a OJ 227[136] da SBDI1 do TST, que previa a incompatibilidade da denunciação à lide com o processo do trabalho. No entanto, esse cancelamento não implicou sua automática aceitação no processo do trabalho[137].

Outras formas de intervenção de terceiro na ação civil pública no processo do trabalho só seriam excepcionalmente admitidas para reforçar as garantias necessárias à satisfação dos direitos violados,

---

[135] AG-RC-195697/2008-000-00-00); RR 110200-86.2006.5.03.0024, Rel. Min. Fernando Eizo Ono, j. 05/06/2013, 4ª Turma, publ. 22/11/2013); (RR-127700-77.2004.5.22.0002, Rel. Min. Luiz Philippe Vieira de Mello Filho, 1ª Turma, DEJT de 15/10/2010.

[136] DJ de 22/11/2005.

[137] AgR-RR 1334-76.2012.5.12.0006, Rel. Min. Emmanoel Pereira, j. 27/11/2013, 5ª Turma, publ. 06/12/2013.

como previsto no art. 101, II, da Lei nº 8.078/1990, que permite, nesse sentido, o chamamento do segurador pelo réu.

4.7 Competência para a ACP trabalhista

O art. 2º da Lei nº 7.347/1985 estabelece que as ações previstas nesta Lei serão propostas no foro do local onde ocorrer o dano, cujo juízo terá competência funcional para processar e julgar a causa.

O Código de Defesa do Consumidor (Lei nº 8.078/1990), no art. 93, prevê que:

> Ressalvada a competência da Justiça Federal, é competente para a causa a justiça local: I - no foro do lugar onde ocorreu ou deva ocorrer o dano, quando de âmbito local; II - no foro da Capital do Estado ou no do Distrito Federal, para os danos de âmbito nacional ou regional, aplicando-se as regras do Código de Processo Civil aos casos de competência concorrente.

O primeiro ponto que requer análise é a do conceito de competência funcional prevista no art. 2º da Lei nº 7.347/1985.

José Carlos Barbosa Moreira[138] faz um apanhado doutrinário para estabelecer o conceito de competência funcional utilizado na Lei de Ação Civil Pública. Pela doutrina alemã, competência funcional não é determinada pelo elemento geográfico para a escolha do foro onde será proposta a ação. Ela é determinada após a propositura da ação, considerando atribuições diferentes no curso do processo que podem ser destinadas a órgãos distintos. Já na doutrina italiana, além

---

[138] MOREIRA, José Carlos Barbosa. "A expressão 'competência funcional' no art. 2º da Lei da Ação Civil Pública". *A ação civil pública após 20 anos: efetividade e desafios.* Édis Milaré (coord.), São Paulo: Revista dos Tribunais, 2005, p. 247/255.

do conceito acima, há outro relativo à atribuição de uma causa "ao juiz de determinado território pelo fato de que o exercício de sua função fosse nele mais fácil ou mais eficaz: seriam exemplo o da execução no lugar onde se encontram os bens, o do processo de falência no lugar do principal estabelecimento comercial". Nesse sentido, a competência funcional se aproxima da competência por matéria e da territorial, sendo, porém, sempre absoluta, ou seja, não modificável por vontade das partes. A partir de tais considerações, o renomado processualista conclui que a expressão competência funcional contida no art. 2º da Lei nº 7.347/1985 coincide com o segundo conceito apresentado pela doutrina italiana. E arremata: "Com efeito, é de presumir que tenha melhores condições para exercer as funções necessárias o juízo do 'foro do local onde ocorrer o dano'".

Pode-se extrair do dispositivo legal referido e das colocações doutrinárias que o juiz do local do dano possui competência funcional. Isso significa que juiz de localidade onde o dano não ocorreu não possui competência para a ação civil pública, tampouco pode exercê-la por prorrogação, uma vez que não se trata de competência relativa e sim absoluta. Esse é o sentido do mencionado art. 2º da Lei nº 7.347/1985.

O problema é que o dano pode ultrapassar a área da jurisdição de um órgão. É nesse caso que surgem as dificuldades. Porém, todos os órgãos julgadores, desde que o dano se verifique em sua área de atuação, possuem competência funcional para o processamento e julgamento da ação civil pública.

Já o art. 93 da Lei nº 8.078/1990 não trata de competência funcional, mas territorial. Nesses termos, o critério adotado auxilia as partes, sobretudo nos casos de danos regionais e nacionais. Portanto, referido artigo do CDC não revogou o art. 2º da Lei nº 7.347/1985, mas o complementou, ao acrescentar critérios territoriais, na hipótese de vários juízes possuírem competência funcional para processarem e julgarem o feito, considerando que o dano extrapola a área de atuação de um órgão jurisdicional. Enquanto a exigência de que o órgão seja o do local do dano atende ao interesse público, os critérios adicionados no caso de dano regional e nacional decorrem do interesse das partes, comportando prorrogação, desde que o órgão julgador se encontre no local do dano.

Na revisão de jurisprudência do Tribunal Superior do Trabalho ocorrida em setembro de 2012, foi alterado o conteúdo da OJ 130 da SBDI2, que passou a ter a seguinte redação:

> Ação Civil Pública. Competência. Local do dano. Lei nº 93 (redação alterada na sessão do Tribunal Pleno realizada em 14/09/2012) – Res. 186/2012, DEJT divulg. em 25, 26 e 27/09/2012.
>
> I – A competência para a Ação Civil Pública fixa-se pela extensão do dano.
>
> II – Em caso de dano de abrangência regional, que atinja cidades sujeitas à jurisdição de mais de uma Vara do Trabalho, a competência será de qualquer das varas das localidades atingidas, ainda que vinculadas a Tribunais Regionais do Trabalho distintos.
>
> III – Em caso de dano de abrangência suprarregional ou nacional, há competência concorrente para a Ação Civil Pública das varas do trabalho das sedes dos Tribunais Regionais do Trabalho.
>
> IV – Estará prevento o juízo a que a primeira ação houver sido distribuída.

Com a alteração da OJ 130 da SBDI2, passou-se a consagrar a competência concorrente, e não mais exclusiva, nos casos de dano de abrangência suprarregional ou nacional, como era na redação anterior. Além disso, somente possui competência a Vara da localidade atingida pelo dano.

Pela redação atribuída à OJ, percebe-se que o dano regional não coincide com o âmbito do Tribunal Regional do Trabalho, considerando que alcança varas de mais de uma localidade, ainda que vinculadas a Tribunais Regionais do Trabalho distintos.

Élisson Miessa[139], em trabalho pioneiro sobre a análise da OJ 130 da SBDI2, esclarece que há quem defenda, e nesse grupo se inclui o TST, que "dano local é aquele que ocorre dentro da circunscrição de uma Vara do Trabalho, não havendo necessidade de se aplicar a prevenção".

Em relação ao dano regional, afirma o seguinte:

> A doutrina majoritária descreve que o dano regional é aquele que se dispersa para uma determinada região, não se limitando a um único estado.
> Para a outra corrente, dano regional é aquele que atinge mais de uma Vara do Trabalho, mas limitada a um estado.
> Há ainda aqueles que entendem que o dano regional é o que ocorre dentro de um Tribunal Regional do Trabalho.

Adiante, prossegue:

> Para alguns, a interpretação será no sentido de que, quando o TST falou em Varas do Trabalho, ainda que vinculados a TRTs distintos, fez referência apenas ao estado de São Paulo, que possui dois TRTs (2ª

---

139 "Competência para o ajuizamento da ação civil pública. A nova redação na OJ 130 da SDI II do TST". *Estudos aprofundados MPT - Ministério Público do Trabalho*, 2. ed. Salvador-BA: Juspodivm, 2013, p. 1245/1256.

e 15ª Região). Nesse sentido, para eles, o TST não alterou o conceito de dano regional, mantendo o entendimento de que dano regional é aquele que ocorre em mais de uma Vara do Trabalho, mas dentro de um único estado. Restringem, portanto, a aplicação do item II ao estado de São Paulo.

Pensamos, porém, que essa não é a melhor interpretação, inclusive pela evolução que o C. TST quis dar ao tema.

De nossa parte, dano regional para o TST, passa a ser aquele que atinge localidades com Varas do Trabalho diversas dentro de um estado ou Varas do Trabalho limítrofes, ainda que vinculadas a TRTs diferentes como, por exemplo, um dano ocorrido entre duas cidades limítrofes, uma no estado do Rio Grande do Sul e a outra em Santa Catarina, versando sobre a plantação de café.

Em relação ao dano de abrangência suprarregional ou nacional, considera:

Nesse ponto, cumpre inicialmente, salientar que não existe, na lei, a figura do dano suprarregional.

Desse modo, para a doutrina amplamente majoritária, a qual adotamos, no dano regional também se inclui aquele ocorrido dentro de uma mesma região do país, por exemplo, região Sul, Sudeste etc. Contudo, para o TST, nesse caso, não há dano regional, mas sim suprarregional.

Por outro lado, o dano nacional será o que ocorrer em diversos estados da Federação, atingindo estados de diferentes regiões do país.

Tratando-se de dano suprarregional e nacional, a competência será concorrente entre as varas do trabalho das sedes dos Tribunais Regionais do Trabalho.

Adriane Reis Araújo defende que o dano regional compreende todo aquele que não alcança Vara do Trabalho de sede de Tribunal Regional do Trabalho, sendo competente quaisquer das Varas das localidades atingidas, ainda que vinculadas a Tribunais Regionais do Trabalho distintos, estados ou regiões geográficas. Já os danos suprarregionais e nacional são aqueles que atingem mais de uma Vara localizada em sede de Tribunal Regional do Trabalho[140].

4.8 Litispendência, conexão e continência na ACP trabalhista

Litispendência significa que a causa está pendente de análise e, como tal, impede a propositura de mesma demanda. De acordo com o art. 337, § 1º, do Código de Processo Civil, a litispendência se configura quando se repete ação que está em curso.

A repetição da ação pressupõe identidade de partes, causa de pedir e pedidos. Nas ações coletivas surgem dois tipos de discussões acerca da caracterização da litispendência. A primeira é se há litispendência entre ação civil pública e ações individuais de quem poderá se beneficiar da sentença na ação coletiva. A segunda é se há litispendência entre ações ajuizadas entre dois legitimados por lei para as ações da espécie. Como já exposto, os autores agem na condição de substitutos processuais, isto é, defendem em nome próprio interesse ou direito alheio.

Não há cogitar de litispendência quando o mesmo fato gravoso dá ensejo a pedidos distintos, por exemplo, o Ministério Público voltado para obrigações de fazer e não fazer e a reparação no âmbito

---

140 "A nova redação da OJ 130 da SBDI-2/TST: alguma novidade?" *Estudos aprofundados MPT. Ministério Público do Trabalho*. V. 2., Élisson Miessa e Henrique Correia (Org.), Salvador: Editora Juspodivm, 2015, p. 579/596.

coletivo e o sindicato focado com a reparação de danos individuais homogêneos.

Em relação ao primeiro ponto colocado, a discussão só pode ter cabimento em ação civil pública que tenha por objeto interesses ou direitos individuais homogêneos, de caráter reparatório beneficiando as vítimas. Caso contrário, a identidade de pedidos já não se verifica.

Estabelece o art. 104 da Lei nº 8.078/1990:

> As ações coletivas, previstas nos incisos I e II do parágrafo único do art. 81, não induzem litispendência para as ações individuais, mas os efeitos da coisa julgada erga omnes ou ultra partes a que aludem os incisos II e III do artigo anterior não beneficiarão os autores das ações individuais, se não for requerida sua suspensão no prazo de trinta dias, a contar da ciência nos autos do ajuizamento da ação coletiva.

O dispositivo é claro no sentido da não ocorrência de litispendência. Porém, os efeitos da coisa julgada em benefício do autor da ação individual condicionam-se ao pedido de suspensão no prazo de trinta dias, a partir de sua ciência de que há ação civil pública em curso.

Essa parte final requer análise mais detida. Deve-se partir do princípio de que a tutela coletiva dirige-se à questão como um todo, sendo inadequado fracionar as soluções. Quando se diz que os efeitos da coisa julgada não beneficiarão os autores não significa que Juiz da Vara onde tramita a ação individual possa desconsiderar o resultado da ação civil pública. Há diferença entre não participar de uma execução coletiva e seguir com a ação individual, buscando, legitimamente, algo mais que possa perder significância numa condenação genérica.

A jurisprudência do Tribunal Superior do Trabalho, num primeiro momento, adotava o posicionamento da litispendência entre ação coletiva e individual[141]. Atualmente, entende-se pela ausência de litispendência nessa situação[142].

No tocante à prevenção, ela se dá quando há vários juízes competentes para o mesmo caso ou quando há vários casos, que não podem tramitar concomitantemente ou o devem conjuntamente. No primeiro caso, pode-se citar o exemplo previsto na OJ 130 da SBDI2, em que há vários juízes competentes para a ação, estando prevento aquele a quem primeiro for distribuída a ação. No segundo caso, verifica-se a hipótese de litispendência, conexão ou continência.

As ações se identificam por três elementos: partes, objeto e causa do pedido. A coincidência dos três elementos implica litispendência. Não havendo coincidência em nenhum dos três elementos, não é possível cogitar de conexão, pois as ações serão distintas.

Ambos os conceitos – conexão e continência – dizem respeito a relações entre causas pendentes que podem gerar a modificação da competência para serem julgadas simultaneamente.

Os arts. 55 e 56 do Código de Processo Civil esclarecem esses conceitos. A conexão pressupõe pedido ou causa de pedir comuns. A continência pressupõe identidade de partes e causa pedir, mas o pedido mais amplo de uma abrange os das demais.

---

[141] AIRR e RR 9574900-16.2003.5.04.0900, j. 05/05/2010, Rel. Min. Lelio Bentes Corrêa, 1ª Turma, publ. DEJT 14/05/2010. RR 618547-35.1999.5.05.5555, Rel. Juiz Convocado: Luiz Philippe Vieira de Mello Filho, j. 21/08/2002, 1ª Turma, publ. 13/09/2002.

[142] RR 89500-48.2006.5.01.0282 , Rel. Desembargador Convocado: José Maria Quadros de Alencar, j. 11/12/2013, 1ª Turma, publ. 13/12/2013. RR 102400-20.2009.5.01.0036, Rel. Min. João Oreste Dalazen, j. 20/11/2013, 4ª Turma, publ. 06/12/2013. E-RR 4937000-10.2002.5.02.0900, Rel. Min. Renato de Lacerda Paiva, Subseção I Especializada em Dissídios Individuais, DEJT 15/10/2012.

A continência pode ser considerada como modalidade de conexão, pois havendo identidade de causa de pedir haverá necessariamente conexão.

A conexão ou continência podem ser invocadas por qualquer das partes ou conhecida de ofício pelo Juiz.

No Código de Processo Civil anterior, quando os juízes detinham a mesma competência territorial, prevento (o que deve conhecer da causa) era o que despachava em primeiro lugar (art. 106 do CPC). Se a competência territorial era diversa, a citação válida tornava o juízo prevento (art. 219 do CPC). Pela sistemática atual, o registro ou a distribuição da petição inicial torna prevento o juízo (art. 59 do CPC).

No processo do Trabalho, não tinha aplicação o art. 106 do Código de Processo Civil anterior, já que a petição inicial não é submetida ao Juiz para despacho. Em razão disso, prevalecia critério distinto.

O parágrafo único do art. 2º da Lei nº 7.347/1985 prevê que a propositura da ação prevenirá a competência do Juízo para futuras ações que possuam a mesma causa de pedir ou o mesmo objeto. A reunião de processos não ocorre se uma das ações já foi julgada. Essa é a solução da Súmula 235 do Superior Tribunal Justiça. O Código de Processo Civil também prevê a reunião dos processos em ações conexas, para decisão conjunta, salvo se houve sentença em um deles (art. 55, § 1º). No caso de continência, se a ação continente foi proposta anteriormente, será proferida sentença na ação contida, sem resolução do mérito. Caso contrário, as ações serão reunidas no juízo prevento (art. 57).

Por propositura da ação deve-se considerar a entrada da petição no órgão do Poder Judiciário, por meio do sistema de protocolo. Por essa razão, a nova redação da OJ 130 da SBDI2 adotou o critério da distribuição, o que está em sintonia com o art. 59 do Código de Processo Civil.

4.9 Desistência da ACP trabalhista

O § 3º do art. 5º da Lei nº 7.347/1985, com a redação dada pela Lei nº 8.078/1990, prevê nas hipóteses de desistência infundada ou abandono da ação por associação legitimada, que o Ministério Público ou outro legitimado assumirá a titularidade ativa.

Consagra-se, no citado dispositivo, a força impulsionadora da tutela coletiva, considerando seu caráter de relevância social. Por isso, não há razão em restringir sua aplicação a um legitimado, embora a lei trate da desistência ou abandono da associação legitimada. Talvez pelo fato de que os demais legitimados são entes do Estado, pode-se inferir um dever de agir na proteção dos bens lesados ou ameaçados, uma vez ajuizada a ação civil pública. Tanto é que se o Ministério Público não assumir a condição de parte no processo, deverá submeter, segundo segmento doutrinário, suas razões para apreciação ao órgão de controle do arquivamento dos procedimentos e inquéritos. Essa é a posição de Mazzilli[143], com o seguinte argumento:

> Se o órgão do Ministério Público entender que não é o caso de assumir a promoção da ação civil pública ou coletiva, objeto de desistência por parte de colegitimados, a nosso ver deverá submeter previamente suas razões ao Conselho Superior do Ministério Público, que, se discordar de seu entendimento, poderá designar outro membro para prosseguir no feito.

Porém, em seguida, indica que o posicionamento do Conselho Superior do Ministério Público de São Paulo é distinto, no sentido de que tal controle deve-se fazer nos próprios autos, com a fiscalização do Juiz.

---

143 MAZZILLI, Hugo Nigro. Op. cit., p. 344.

No que se refere à desistência da ação pelo Ministério Público, o citado autor admite essa hipótese, porém defende que se dê mediante ato fundamentado, com remessa ao Conselho Superior, ressaltando que esse tampouco é o entendimento do Conselho Superior do Ministério Público de São Paulo.

No Ministério Público do Trabalho, o entendimento prevalecente na Câmara de Coordenação e Revisão, valendo-se do princípio da independência funcional que rege a atuação, é o de que cabe ao Procurador oficiante avaliar sobre a continuidade ou não das ações propostas. Eventual desistência infundada deve ser apurada no âmbito da Corregedoria do *Ministério Público* do Trabalho, sob o aspecto de falta funcional.

4.10 Tutelas de urgência na ACP trabalhista

Estabelece a Lei nº 7.347/1985, em seus arts. 4º e 12, respectivamente:

> Art. 4º Poderá ser ajuizada ação cautelar para os fins desta Lei, objetivando, inclusive, evitar o dano ao patrimônio público e social, ao meio ambiente, ao consumidor, à honra e à dignidade de grupos raciais, étnicos ou religiosos, à ordem urbanística ou aos bens e direitos de valor artístico, estético, histórico, turístico e paisagístico.
> Art. 12 Poderá o juiz conceder mandado liminar, com ou sem justificação prévia, em decisão sujeita a agravo.
> § 1º A requerimento de pessoa jurídica de direito público interessada, e para evitar grave lesão à ordem, à saúde, à segurança e à economia pública, poderá o Presidente do Tribunal a que competir o conhecimento do respectivo recurso suspender a execução da liminar, em decisão

> fundamentada, da qual caberá agravo para uma das turmas julgadoras, no prazo de 5 (cinco) dias a partir da publicação do ato.
> § 2º A multa cominada liminarmente só será exigível do réu após o trânsito em julgado da decisão favorável ao autor, mas será devida desde o dia em que se houver configurado o descumprimento.

A característica do processo cautelar é a instrumentalidade, no sentido de garantir a efetividade da decisão que será proferida no processo principal. Observa-se que a construção dessa providência instrumental, por meio da constituição e desenvolvimento de relação processual distinta, representa o ápice do processualismo, como técnica autônoma, que há muito já não respondia às exigências para assegurar o resultado útil da providência judicial, ou mesmo antecipá-la em circunstâncias específicas. Os excessos decorrentes da cognição plena acabavam por preservar e reproduzir situação de desconformidade com o ordenamento jurídico, comprometendo a prestação jurisdicional célere e efetiva.

Como observa Marinoni[144]:

> As pressões sociais por tutela jurisdicional adequada e o consequente uso da ação cautelar inominada como técnica de sumarização do processo de conhecimento levaram à introdução da técnica antecipatória, no final de 1994, nos arts. 273 e 461 do CPC.
> Antes da instituição da tutela antecipatória no Código de Processo Civil, como já foi demonstrado, tornou-se necessária, na falta de outro instrumento, a chamada "a ação cautelar satisfativa" ou a dispensa da propositura da ação principal após a satisfação do autor mediante o

[144] MARINONI, Luiz Guilherme. *Técnica processual e tutela dos direitos* cit., p. 88/90, grifo do original.

> provimento cautelar. *Mas com grande resistência da doutrina e da jurisprudência, que não admitiam uma tutela cautelar 'satisfativa" ou antecipatória.*

O autor adverte que confundir "as duas tutelas pode implicar na desastrosa conclusão de que a tutela fundada em cognição sumária sempre deve se limitar a mero instrumento da tutela final. Esse é o verdadeiro problema da distinção entre tais tutelas".

Na tutela antecipada, a antecipação do próprio provimento perseguido ao final elimina qualquer margem para enquadrá-la como instrumental. Isto é, o que se antecipa é a própria tutela, de modo que só é possível cogitar de instrumentalidade de uma medida se ela difere de outra medida enquadrada como principal.

Sérgio Ferraz[145], valendo-se da tipologia utilizada pela Lei nº 7.347/1985, alega que a previsão expressa da ação cautelar na ação civil pública a dota de peculiaridades, caso contrário não haveria por que mencioná-la, considerando sua previsão geral no Código de Processo Civil. Diz o autor:

> Logo em seu art. 4º, a Lei 7.347/1985 já alarga o âmbito de ação cautelar, fazendo-a mais ampla e mais profunda, no campo da ação civil pública. É o que se colhe desenganadamente de sua previsão no sentido de que a ação cautelar possa aqui, ter o fito de *evitar o dano*, cuja reparabilidade (este é o alvo principal consagrado no art. 1º do Diploma), ao lado da recomposição do *status quo ante* (este o alvo basilar no art. 2º), constituem as metas desse precioso instrumento. É dizer, a ação cautelar na ação civil pública, em razão do ora examinado

---

[145] FERRAZ, Sergio. Ibidem.

> art. 4º, se reveste inclusive de feição satisfativa, de regra de se repelir nas medidas dessa natureza[146].

Em relação ao citado art. 12, esclarece Ferraz que "a liminar é uma providência de cunho emergencial, expedida também (em convergência às medidas cautelares) como o fundamental propósito de salvaguardar a eficácia da futura decisão definitiva".

Didier Jr. e Zaneti Jr.[147] defendem que o art. 4º da Lei nº 7.347/1985 trata de "tutela inibitória, que é satisfativa e visa exatamente obter providência judicial que impeça a prática de ato ilícito e, por consequência, a ocorrência de um dano".

E prosseguem:

> A menção à tutela cautelar justifica-se historicamente, tendo em vista que, à época, em razão de ausência de texto normativo que permitisse a concessão de tutela provisória satisfativa (antecipação de tutela, generalizada em 1994, como visto), o uso da ação *cautelar satisfativa, com finalidade inibitória*, era aceito pela jurisprudência.

Humberto Theodoro Júnior[148] confirma tal entendimento:

> A propósito, convém ressaltar que se registra, nas principais fontes do direito europeu contemporâneo, o reconhecimento de que, além da tutela cautelar, destinada a assegurar a efetividade do resultado final

---

[146] FERRAZ, Sergio. "Provimentos antecipatórios na ação civil pública". *Ação civil pública. Após 20 anos* cit., p. 569.

[147] DIDIER JR. e ZANETI JR. Op. cit., p. 309, grifo do original.

[148] THEODORO JÚNIOR, Humberto. *As Inovações do Código de Processo Civil*. Rio de Janeiro: Forense, 1995, p. 12.

> do processo principal, deve existir, em determinadas circunstâncias, o poder do juiz de antecipar, provisoriamente, a própria solução definitiva esperada no processo principal. São reclamos de justiça que fazem com que a realização do direito não possa, em determinados casos, aguardar a longa e inevitável sentença final.
> Assim, fala-se em medidas provisórias de natureza cautelar e medidas provisórias de natureza antecipatória; estas, de cunho satisfativo, e aquelas, de cunho apenas preventivo.
> Entre nós, várias leis recentes têm previsto, sob a forma de liminares, deferíveis 'inaudita altera pars', a tutela antecipatória, como, por exemplo, se dá na ***ação popular, nas ações locatícias, na ação civil pública, na ação declaratória direta de inconstitucionalidade etc.***

Daniel Amorim Assunção Neves[149], sobre a medida liminar, assevera:

> Aplicada às espécies de tutelas de urgência, a liminar, nesse sentido, significa a concessão de uma tutela antecipada ou de uma tutela cautelar antes da citação do demandado. A liminar assumiria, portanto, uma característica meramente topológica, levando-se em conta somente o momento de prolação da tutela de urgência, e não o seu conteúdo, função ou natureza.
> Por outro lado, é preciso reconhecer que, no momento anterior à adoção da tutela antecipada pelo nosso sistema processual, as liminares eram consideradas uma espécie de tutela de urgência, sendo a única forma prevista em lei para a obtenção de uma tutela de urgência satisfativa. Nesses termos, sempre que prevista expressamente em

[149] NEVES, Daniel Amorim Assumpção. *Manual de Processo Coletivo*. São Paulo: Método, 2012, p. 359/360.

> um determinado procedimento o termo "liminar" assume a condição de espécie de tutela de urgência satisfativa específica. Seriam, assim, três as espécies de tutela de urgência: a) tutela cautelar, genérica para assegurar a utilidade do resultado final; b) tutela antecipada, genérica para satisfazer faticamente o direito; c) tutela liminar, específica para satisfazer faticamente o direito.

O Código de Processo Civil, a partir do art. 294, trata da tutela provisória, que se fundamenta em urgência ou evidência. A tutela provisória de urgência pressupõe a probabilidade do direito e o perigo da demora. Ela poderá ser concedida liminarmente ou após justificação prévia e não será concedida se houver perigo de irreversibilidade dos efeitos da decisão. É possível requerer a tutela antecipada e a tutela cautelar em caráter antecedente.

A tutela de evidência não se condiciona ao perigo de dano ou do resultado útil do processo, mas do abuso do direito de defesa ou do propósito protelatório da parte ou então quando os fatos puderem ser comprovados documentalmente e a tese jurídica tiver sido firmada em julgamentos repetitivos ou súmula vinculante ou se tratar de pedido reipersecutório, fundado em prova documental ou, por fim, quando com a petição inicial houver prova documental do fato constitutivo do direito do autor e o réu não apresenta prova capaz de gerar dúvidas. Nas hipóteses de abuso de direito de defesa ou propósito protelatório e do pedido reipersecutório, o Juiz poderá decidir liminarmente.

A Lei nº 9.494/1997, em seu art. 1º, aplica o disposto no art. 1º da Lei nº 8.437/1992 à tutela antecipada prevista nos arts. 273 e 461 do Código de Processo Civil anterior, sem fazer menção à ação civil pública e ação popular, nem revogar o citado § 2º da lei, cujos dispositivos passaram a ser aplicados à antecipação de tutela genérica prevista no CPC, na hipótese específica de que trata a lei. Dessa forma, não alcança os arts. 4º e 12 da Lei nº 7.347/1985[150].

O dispositivo acima citado (Lei nº 9.494/1997) foi objeto de ação declaratória de constitucionalidade no STF, que liminarmente teve sua constitucionalidade reconhecida, o que não inviabiliza a concessão de medidas liminares em situações específicas[151].

De qualquer forma, é importante reforçar que as restrições previstas na citada lei não alcançam a ação civil pública, ainda que a antecipação da tutela seja requerida com fundamento nos arts. 294 e seguintes do Código de Processo Civil.

A impugnação de decisões que concedem ou denegam tutela de urgência no processo do trabalho possui disciplina própria em razão da sistemática recursal.

A Súmula 414[152] do Tribunal Superior do Trabalho trata da impugnação de medidas que promovam tutela de urgência. O seu teor é o seguinte:

> Mandado de Segurança. Antecipação de tutela (ou liminar) concedida antes ou na sentença.
>
> I - A antecipação da tutela concedida na sentença não comporta impugnação pela via do mandado de segurança, por ser impugnável mediante recurso ordinário. A ação cautelar é o meio próprio para se obter efeito suspensivo a recurso. (ex-OJ nº 51 da SBDI-2 - inserida em 20/09/2000)
>
> II - No caso da tutela antecipada (ou liminar) ser concedida antes da sentença, cabe a impetração do mandado de segurança, em face da inexistência de

[150] Nesse sentido DIDIER JR. e ZANETI JR. Op. cit., p. 313.

[151] ADC 4, Rel. Min. Celso de Mello, DJe de 30/10/2014.

[152] Res. 137/2005, DJ 22, 23 e 24/08/2005.

> recurso próprio. (ex-OJs nºs 50 e 58 da SBDI-2 - inseridas em 20/09/2000)
> III - A superveniência da sentença, nos autos originários, faz perder o objeto do mandado de segurança que impugnava a concessão da tutela antecipada (ou liminar). (ex-Ojs da SBDI-2 nºs 86 – inserida em 13/03/2002 – e 139 – DJ 04/05/2004)

No caso de denegação da medida requerida, aplica-se o mesmo entendimento da citada súmula. A Súmula 418 do TST[153] foi alterada para se adaptar ao Código de Processo Civil, retirando o não cabimento do mandado de segurança contra ato que denega medidas de tutela de urgência.

O art. 12 da Lei nº 7.347/1985, em seu § 1º, prevê a suspensão da execução da liminar, a requerimento da pessoa jurídica de direito público interessada, para evitar grave lesão à ordem, à saúde, à segurança e à economia pública, pelo Presidente do Tribunal a quem competir o conhecimento do respectivo recurso, em decisão fundamentada, da qual caberá agravo para uma das turmas julgadoras, no prazo de 5 (cinco) dias, a partir da publicação do ato.

O tempo do processo representa pesado ônus para as partes. O sistema processual tradicional foi marcado por sobrecarregar o autor, em prejuízo da tutela efetiva dos direitos, com a desoneração do réu, que os violava, alimentando condutas que descumprem o ordenamento jurídico ao não oferecer respostas no devido tempo. Há um abuso na invocação do *periculum in mora* pelos réus nas liminares em ações civis públicas, sendo que, na maior parte dos casos, o perigo se dá de forma reversa. Atualmente, é dever do Magistrado distribuir o ônus do tempo do processo de acordo com

---

[153] Res. 217/2017, DEJT divulg. 20, 24 e 25/04/2017

as circunstâncias do caso, sem receio de sobrecarregar o réu nas situações previstas na legislação autorizadoras da antecipação da tutela.

4.11 Fase probatória. Inversão do ônus da prova. Provas produzidas no inquérito civil

4.11.1 Inversão do ônus da prova

O Código de Processo Civil anterior, no art. 333, distribuía o ônus da prova mediante critérios previamente estabelecidos, que deveriam ser observados em todo e qualquer caso. Ao autor incumbe a prova dos fatos constitutivos de seu direito. Ao réu, as provas dos fatos impeditivos, modificativos ou extintivos do direito do autor. A convenção visando distribuição diversa do ônus da prova é válida, desde que não recaia sobre direito indisponível da parte ou torne excessivamente difícil o exercício do direito.

O art. 818 da Consolidação das Leis do Trabalho, com redação mais simples, estabelecia que a "prova das alegações incumbe à parte que as fizer", acolhendo solução similar no aspecto de adotar critério prévio, sem abertura de espaço para distribuição distinta de acordo com a situação e a capacidade das partes nos casos concretos.

A jurisprudência trabalhista já vinha avançando em determinadas matérias, a partir de disposições do ordenamento jurídico que contêm carga de proteção diferenciada, para atribuir a prova à parte que não fez a alegação do fato ou simplesmente o nega. Entre os exemplos, citam-se as Súmulas 212, 338 e 443 do Tribunal Superior do Trabalho[154].

---

[154] Res. 121/2003, DJ 19, 20 e 21/11/2003; Res. 185/2012. DEJT 25, 26 e 27/09/2012; Res. 129/2005, DJ 20, 22 e 25/04/2005.

A jurisprudência citada aproxima-se da teoria da carga dinâmica da prova. Essa teoria "permite a flexibilidade, o dinamismo de sua distribuição: a distribuição dinâmica do ônus da prova, segundo a qual a prova incumbe a quem tem melhores condições de produzi la, à luz das circunstâncias do caso concreto"[155].

O Tribunal Superior do Trabalho já vinha admitindo a aplicação da teoria da carga dinâmica da prova[156].

O art. 6º, VIII, da Lei nº 8.078/1990 prevê, como direito do consumidor, a facilitação da defesa de seus direitos, inclusive com a inversão do ônus da prova, a seu favor, no processo civil, quando, a critério do juiz, for verossímil a alegação ou quando for ele hipossuficiente, segundo as regras ordinárias de experiências.

O Código de Processo Civil atual mantém o mesmo critério do anterior no tocante ao ônus da prova, mas prevê a possibilidade de distribuição distinta, de acordo com o caso concreto, mediante decisão motivada e conferindo à parte a oportunidade de se desincumbir de seu ônus (art. 373, § 1º).

A Lei nº 13.467/2017, denominada Reforma Trabalhista, acabou por acompanhar a sistemática do Código de Processo Civil, ao atribuir, no art. 818 da Consolidação das Leis do Trabalho, o ônus da prova "ao reclamante, quanto ao fato constitutivo de seu direito" e "ao reclamado, quanto à existência de fato impeditivo, modificativo ou extintivo do direito do reclamante". Nos parágrafos estabeleceu-se a possibilidade de atribuição do ônus da prova, tendo-se em conta a dificuldade de ou facilidade na sua produção, mediante decisão prévia, de modo que a parte tenha a oportunidade de se desincumbir de seu

---

[155] DIDIER JR. e ZANETI JR. Op. cit. p. 303.

[156] AIRR 1788-35.2011.5.10.0010, Rel. Min. Maria de Assis Calsing, j. 09/10/2013, 4ª Turma, publ. 11/10/2013.

ônus, com o adiamento da audiência, sem que a decisão acarrete ônus excessivo ou impossível de ser satisfeito.

Xisto Tiago de Medeiros Neto entende viável a inversão do ônus da prova, nas ações coletivas trabalhistas, além das hipóteses de alegação verossímil e hipossuficiência, nos casos em que a produção de provas documentais, testemunhais e periciais da violação dos direitos e interesses é de difícil realização, sendo possível, nesses casos, a inversão[157].

De fato, há um interesse geral da sociedade na tutela coletiva, que autoriza postura ativa dos magistrados, no sentido de melhor conhecer os fatos para constatar a existência da violação a interesses e direitos coletivos. Essa mesma postura é autorizada também para a adoção de providências para salvaguardar esses interesses e direitos.

Uma das funções primordiais do Ministério Público do Trabalho consiste na tutela de direitos fundamentais, cuja observância rigorosa a Constituição impõe, de modo que todos os instrumentos necessários para se resguardar ou resgatar esses direitos devem ser manejados pela instituição. A inércia da parte transgressora não pode ser interpretada em seu benefício, para retardar, impedir ou corrigir práticas que violam direitos fundamentais.

As violações aos direitos fundamentais possuem as mais variadas possibilidades, devendo o ônus da prova dessas violações sofrer alguma flexibilização, sob pena de preservarem situações que atentam contra o texto constitucional.

---

[157] "A prova na ação civil pública trabalhista". *Estudos aprofundados MPT* cit., p. 1293. O autor cita jurisprudência do Superior Tribunal de Justiça aceitando inversão do ônus da prova em ação civil pública consumerista, ajuizada pelo Ministério Público (REsp 972.902-RS, 2ª. Turma, Rel. Min. Eliana Calmon, DJ 14/09/2009.

A sentença do Tribunal Constitucional Espanhol 17/2005[158], de 1º de fevereiro, sintetiza a jurisprudência daquele tribunal sobre a distribuição da carga probatória em matéria de direitos fundamentais da seguinte maneira. Em primeiro lugar, é necessário que o trabalhador apresente indício razoável de que a prática empresarial afronta seu direito fundamental, não bastando a mera alegação de violação constitucional, mas elementos dos quais se possa deduzir a possibilidade de que a violação tenha ocorrido. Em segundo lugar, satisfeito esse primeiro pressuposto, recai sobre a parte demandada a carga de provar que sua atitude possui causas reais totalmente estranhas à citada vulneração de direitos fundamentais, além de que elas sejam suficientes para respaldar a decisão, como único meio de destruir a aparência lesiva criada pelos indícios apresentados. O empregador deve comprovar que essas causas justificam objetiva, razoável e proporcionalmente, por elas próprias, sua decisão, eliminando toda a suspeita de que foi ocultada lesão a direito fundamental do trabalhador.

Como destaca Medeiros Neto[159], as ações coletivas têm por objeto violações consistentes em "discriminação, fraude, coação, conluio, assédio e abuso", casos em que a conduta ilícita é de difícil demonstração, de modo a permitir que os infratores permaneçam omissos para ocultar provas. Nesses casos, deve ser admitida a "prova indireta (prova presuntiva ou indiciária)".

Em relação ao dano moral, a jurisprudência vem adotando a posição de que o dano efetivo é de difícil comprovação, uma vez que não há como adentrar na esfera psicológica para vasculhar emoções

---

[158] Disponível em: http://www.boe.es/boe/dias/2005/03/03/pdfs/T00032-00041.pdf. Acesso em: 10 jan. 2014.

[159] MEDEIROS NETO, Xisto Tiago. "A prova" cit., p. 1.282/1.283.

e sentimentos na busca dos abalos provocados pela conduta. Como afirma categoricamente Medeiros Neto[160], em relação ao dano moral coletivo, o dano "é observado imediatamente em face da verificação da conduta ilícita, ofensiva, por si, a valores e interesses jurídicos da coletividade".

A jurisprudência do TST tem se firmado no sentido de que a prova do dano é desnecessária[161].

O juiz na ação civil pública possui margem considerável para avaliar a postura do demandado no empenho de produzir as provas necessárias à demonstração de que sua atitude não viola o ordenamento jurídico. Daí que lhe deva ser assegurada a possibilidade de produzir as provas nesse sentido, até o limite em que o julgador considere suficientemente provados os fatos, dispensando as provas desnecessárias até mesmo para evitar iniciativas protelatórias.

A jurisprudência admite a inversão do ônus probatório na ação civil pública ajuizada pelo Ministério Público. Cite-se nesse sentido a ementa a seguir:

Agravo Regimental em Recurso Especial. Ação Civil Pública. Ministério Público. Inversão do ônus da prova. Direito do consumidor. – A jurisprudência do Superior Tribunal de Justiça é pacífica no entendimento de que o Ministério Público, no âmbito de ação consumerista, faz jus à inversão do ônus da prova. Agravo regimental improvido[162].

---

[160] MEDEIROS NETO, Xisto Tiago "A prova" cit., p. 1.286.

[161] E-ED-RR 23600-32.2006.5.15.0120, Rel. Min. Luiz Philippe Vieira de Mello Filho, j. 24/10/2013, Subseção I Especializada em Dissídios Individuais, publ. 30/10/2013.

[162] AgRg no REsp 1300588, DJe 18/05/2012.

4.11.2 *Provas colhidas no inquérito civil e procedimentos preliminares*

O inquérito civil ou os procedimentos preliminares destinam-se à coleta de elementos necessários à atuação do membro do Ministério Público. Trata-se de informações e dados que são reunidos, a fim de que sejam adotadas as providências cabíveis, na hipótese de constatação de violação a interesses e direitos que compete ao Ministério Público tutelar.

Como abordado anteriormente, apenas ao Ministério Público são assegurados poderes similares aos do Judiciário para a produção e reunião desses elementos. Em muito se assemelha a atividade do Procurador do Ministério Público com a do Juiz na instrução procedimental, em termos de oficialidade e publicidade, com as ressalvas já examinadas em relação a esta última, distinguindo-se, porém, no que se refere à necessidade do contraditório. A reunião de elementos no curso da investigação não apenas comporta, como muitas vezes exige, a não observância do contraditório.

Observa Clarisse Ribeiro Schinestsck[163]:

> Sendo assim, quando se está diante de uma ação ajuizada pelo Ministério Público e calcada nos elementos coligidos ao inquérito civil, ainda que não se tenha oportunizado ao réu o exercício do contraditório prévio na seara administrativa, tal fato, por si só, não tem o condão de comprometer a eficácia das provas. Dependendo do direito transindividual que se busca tutelar, bem como do poder econômico do réu, o exercício do contraditório pode comprometer os rumos da investigação. Nestes casos, o contraditório e a ampla defesa poderão ser efetivados nessa nova relação processual e a garantia do processo

[163] "A eficácia probatória dos elementos informativos do inquérito civil na perspectiva do processo justo e equânime" *Estudos aprofundados MPT* cit., p. 1310.

justo está sendo respeitada. Ademais, seria um contrassenso e um risco enorme para a sociedade instituir regras burocráticas para o inquérito civil, tornando-o lento e dificultoso.

Portanto, a tese de que as provas colhidas no inquérito exigem ser repetidas em juízo porque não foram submetidas ao contraditório não contribui para a racionalidade do processo nem para a celeridade da providência jurisdicional que resolverá o conflito.

Por se tratar de instituição dotada de diversas prerrogativas e de fé pública, não há qualquer razão de desprezar a prova produzida no curso do inquérito ou procedimento, para realizá-la em juízo. O fato de não haver contraditório nos procedimentos administrativos conduzidos pelo Ministério Público não é suficiente para determinar a repetição da prova. A parte terá oportunidade de se manifestar em juízo e somente quando lograr desconstituir o valor probante é que os elementos colhidos poderão ser desconsiderados.

A posição de Medeiros Neto é no sentido de que a prova produzida em procedimentos conduzidos pelo Ministério Público goza de "presunção de veracidade e legitimidade"[164]. Não faz sentido equiparar as provas produzidas pelo Ministério Público, com o particular na defesa de seu exclusivo interesse. Os depoimentos tomados durante a instrução pelo órgão ministerial observam formalidades e são produzidos em sessões públicas[165].

O Tribunal Superior do Trabalho reconhece a prova produzida em procedimento administrativo conduzido por membro do Ministério Público, mesmo que colhidas sem o contraditório, a menos que

---

[164] MEDEIROS NETO, Xisto Tiago. "A prova" cit., p. 1.270/1.271.

[165] MEDEIROS NETO, Xisto Tiago. "A prova" cit., p. 1.276.

exista "contraprova de hierarquia superior ou em desarmonia com o conjunto probatório produzidos nos autos da ação civil pública"[166].

4.12 Prescrição na ACP trabalhista

A prescrição implica na perda da pretensão de exigir o cumprimento do direito em razão de decurso de tempo, de acordo com os prazos estabelecidos no ordenamento jurídico.

O Código Civil, no art. 189, estabelece que violado o direito nasce para o titular a pretensão, a qual se extingue, pela prescrição, nos prazos a que aludem os arts. 205 e 206.

A decadência, por sua vez, vincula-se aos direitos potestativos e seu prazo, quando, previsto em lei, começa a fluir a partir do momento em que pode ser exercido, não comportando, em princípio, suspensão e interrupção.

Já o prazo prescricional, que se inicia da violação do direito, com o nascimento da pretensão, pode ter seu curso impedido, suspenso ou interrompido, nas hipóteses previstas em lei.

De acordo com o Código Civil (arts. 197 a 199), não corre a prescrição entre os cônjuges, na constância da sociedade conjugal; entre ascendentes e descendentes, durante o poder familiar; entre tutelados ou curatelados e seus tutores ou curadores, durante a tutela ou curatela; contra os absolutamente incapazes; contra os ausentes do País em serviço público da União, dos Estados ou dos Municípios; contra os que se acharem servindo nas Forças Armadas, em tempo de guerra; pendendo condição suspensiva; não estando vencido o prazo; pendendo ação de evicção.

---

166 RR 9890500-89.2004.5.09.0007, Rel. Min. Walmir Oliveira da Costa, j. 09/10/2013, 1ª Turma, publ. 18/10/2013.

As causas de interrupção da prescrição, por uma única vez, são: despacho do juiz, mesmo incompetente, que ordenar a citação, se o interessado a promover no prazo e na forma da lei processual; protesto, nas condições do inciso antecedente; por protesto cambial; apresentação do título de crédito em juízo de inventário ou em concurso de credores; qualquer ato judicial que constitua em mora o devedor; qualquer ato inequívoco, ainda que extrajudicial, que importe reconhecimento do direito pelo devedor.

A Constituição de 1988 prevê o prazo prescricional para os créditos resultantes da relação de trabalho de cinco anos até o limite de dois após a extinção do contrato de trabalho (art. 7º, XXIX) e a imprescritibilidade das pretensões de ressarcimento ao erário (art. 37, § 5º), o que é um dado relevante, na medida em que se pode aplicá-lo igualmente às pretensões de ressarcimento à sociedade pelos danos coletivos resultantes da violação ao ordenamento jurídico.

O Código Civil prevê a imprescritibilidade do ato nulo no art. 169, ao estabelecer que o negócio jurídico nulo não é suscetível de confirmação, nem convalesce pelo decurso do tempo.

A corrente majoritária defende a imprescritibilidade dos direitos coletivos e difusos.

Ricardo de Barros Leonel[167] assim coloca sua posição:

> Considerando a sistemática normativa e a natureza dos bens jurídicos tutelados, conclui-se que não ocorrem a prescrição e a decadência com relação aos interesses difusos e coletivos.
>
> O silêncio do ordenamento é eloquente, ao não estabelecer direta e claramente prazos para o exercício dos interesses metaindividuais e para

[167] LEONEL, Ricardo de Barros. *Manual do Processo Coletivo*. 3. ed. São Paulo: Revista dos Tribunais, 2013, p. 390.

o ajuizamento das respectivas ações, permitindo o reconhecimento da não ocorrência da prescrição e da decadência.

Adamovich[168] alega que:

> Apartados, assim, aqueles direitos trabalhistas de cunho patrimonial ou passíveis de expressão pecuniária, que estão sujeitos aos limites do referido dispositivo constitucional, com prescrição dita extintiva no biênio subsequente à extinção da relação de trabalho, aquelas outras ordens de direitos personalíssimos, indisponíveis ou ainda os metaindividuais impossíveis de serem expressos ou substituídos por pecúnia, quando não se revelem imprescritíveis por definição, estão submetidas, por aplicação da regra do art. 8º da CLT, ao regime geral civil, aplicado supletivamente.

Em princípio, a ação civil pública para a tutela de interesses e direitos individuais homogêneos, com caráter reparatório e individualizado, não os converte em imprescritíveis. Assim como incide a prescrição quando a violação é questionada pela própria vítima, também incidiria, quando o legitimado ajuíza a ação civil pública com a mesma finalidade. Porém, tal afirmação já não pode ser feita de maneira tão categórica. Trata-se de uma solução individualizada, que não leva em consideração a dimensão coletiva da tutela. A incidência da prescrição pode ser afastada em caso de total impossibilidade dos trabalhadores de ingressarem em juízo, o que pode ficar bem evidente numa ação coletiva. O certo é que essa questão exige reflexão e amadurecimento.

---

168 ADAMOVICH. Op. cit., p. 398 e 399.

Porém, se o pedido extrapola o âmbito individualizado de caráter reparatório, a situação se modifica, como previsto no acórdão cuja parte da ementa e da fundamentação é a seguir transcrita:

> Prescrição. Em função da peculiaridade do caso, consistente em ação civil pública, movida pelo Ministério Público do Trabalho, em que pleiteia declaração de nulidade de cláusulas abusivas e de obrigação de não fazer, sem razão de ser a argumentação de prescrição de tais pedidos, pois estes guardam natureza coletiva. Recurso de revista não conhecido[169].

A Constituição fala em créditos, quando trata da prescrição trabalhista, o que pressupõe sua exigibilidade mediante provimento de caráter condenatório no intuito de reparar os direitos lesados. Não há dúvida de que as ações declaratórias não se sujeitam à prescrição e as ações constitutivas, por se relacionarem a direitos potestativos, podem ser extintas com resolução do mérito na hipótese de decadência.

Essa mesma discussão se verifica em relação aos direitos indisponíveis tutelados pela ação civil pública. Como é natural, o caráter de indisponibilidade atrai a tese da imprescritibilidade.

O Tribunal Superior do Trabalho já acolheu essa tese, estabelecendo que "Ação Civil Pública. Prescrição. A imprescritibilidade da ação civil pública justifica-se pela natureza indisponível do direito tutelado..."[170].

---

[169] RR 31000-16.2007.5.10.0019, Rel. Min. Augusto César Leite de Carvalho, j. 20/03/2013, 6ª Turma, publ. 12/04/2013.

[170] RR 2124200-92.2002.5.10.0900, Rel. Min. Lelio Bentes Corrêa, j. 10/12/2003, 1ª Turma, publ. 16/04/2004.

Atualmente, esse entendimento vem sendo colocado em dúvida, como será visto adiante.

Já se afirmou que a ação civil pública para a tutela de interesses e direitos individuais homogêneos, com caráter reparatório e individualizado, em princípio, não transforma tais direitos em imprescritíveis. Como incide a prescrição quando a violação é questionada pela própria vítima, também o é quando o legitimado ajuíza a ação civil pública com a mesma finalidade. A instauração do procedimento ou o ajuizamento da ação coletiva interrompem o curso do prazo prescricional, se não consumado.

Mas, em relação aos interesses e direitos coletivos e difusos. Supondo que já não prevaleça o entendimento da imprescritibilidade, o início do prazo se verifica com a ciência da violação e da autoria pelo legitimado extraordinário, da mesma forma interrompendo a prescrição a instauração de procedimento investigatório ou o ajuizamento da ação civil pública[171].

Ocorre que o ilícito pode se reiterar ou os seus efeitos se prolongarem no tempo. Por exemplo, a contratação de trabalhadores sem aprovação prévia em concurso público não se convalida pelo decurso de tempo, a não ser em situações excepcionais[172], considerando que se trata de violação cujos efeitos permanecem, até que a situação seja regularizada. Dessa maneira, ainda que a contratação tenha sido celebrada em período anterior ao prazo prescricional previsto no ordenamento jurídico, a violação da norma de ordem pública renova-se diariamente. Nesse caso, não há falar em prescrição da pretensão de obrigação de não fazer, ou seja, não contratar em desconformidade com a Constituição e regularizar a situação em relação aos que foram

[171] ZANETI JR. e DIDIER JR. Op. cit., p. 273.

[172] Como no caso da Infraero analisado no STF, MS 22357, DJ 05/11/2004.

contratados sem a observância da exigência constitucional. Será, ademais, possível, condenação em danos morais coletivos.

Sendo assim, só seria possível cogitar da incidência da prescrição, em relação a pretensões correspondentes a direitos indisponíveis tutelados pela ação civil pública, em caso de violação pontual e momentânea e que foi corrigida posteriormente.

Como esclarecem Zaneti Jr. e Didier Jr.:

> Existem três categorias de danos com desdobramento no tempo: a) os danos imediatos de efeitos permanentes; b) os danos permanentes com desdobramento no tempo; c) os danos continuados com repetição de conduta. Podemos sugerir que para os danos permanentes, por exemplo acarretados por uma prática concreta de lesão ambiental, não se pode falar em prescrição. Muito menos para os danos continuados, fracionados em diversas condutas lesivas. No caso dos danos imediatos de efeitos permanentes é preciso analisar a natureza do direito para verificar ou não a existência de prescrição ou decadência, isto porque tais situações tendem a estabilizar-se, gerando recomposição natural do tecido jurídico e pacificação social.

A jurisprudência atual não acata a tese da imprescritibilidade, como se observa na parte da ementa a seguir transcrita, apesar de afastar a prescrição em razão do momento em que o legitimado tomou conhecimento da situação desconforme:

> Recurso de Revista da Sá Carvalho S.A. (CEMIG). Ação Civil Pública. Prescrição. Ainda que duvidosa a tese regional de imprescritibilidade desta ação civil pública, em virtude da natureza jurídica indisponível do direito tutelado, tem-se que, neste caso e, conforme consignado

> no acórdão regional, a denúncia sobre a suposta contratação de empregados públicos, sem concurso público, após 05/10/1988, foi encaminhada ao Ministério Público do Trabalho em 04/08/2005, e somente nessa data chegou ao conhecimento desse órgão a possibilidade da existência de irregularidade atacada na inicial, sendo aqui analogicamente aplicável, por identidade de motivos, o entendimento consagrado no item VI da Súmula nº 100 do TST, que dispõe que, -na hipótese de colusão das partes, o prazo decadencial da ação rescisória somente começa a fluir para o Ministério Público, que não interveio no processo principal, a partir do momento em que tem ciência da fraude-. Tendo sido ajuizada esta açao civil pública em abril de 2007, ficou devidamente respeitado o princípio da 'actio nata', pelo qual se entende que o início da prescrição somente se dá quando o titular do direito violado ou, nos casos de legitimação extraordinária, o titular do direito de ação a ele atribuído para a tutela de direitos e interesses de terceiros por ele substituídos processualmente toma conhecimento do fato e da extensão de suas consequências...[173].

No caso a seguir, considerou-se a data da instauração do inquérito civil para fins de interrupção do prazo prescricional como dado relevante, embora o tribunal não tenha examinado o mérito:

> Recurso de Revista. Preliminar de nulidade por negativa de prestação jurisdicional. Ação Civil Pública. Acidente de trabalho que vitimou um empregado em 19/04/2002. Prescrição aplicável. Ausência de manifestação acerca da data de instauração e de encerramento do inquérito civil. A questão relativa às datas em que foi instaurado e em

[173] RR 40000-65.2007.5.03.0009, Rel. Min. José Roberto Freire Pimenta, j. 05/09/2012, 2ª Turma, publ. 14/09/2012.

> que se finalizou o inquérito conduzido pelo Ministério Público para investigar o falecimento de um empregado na sede da Bunge S.A. faz-se necessária para o desate da lide, porque torna inviável o exame da matéria de mérito posta em recurso de revista, inclusive quanto ao argumento de interrupção do prazo prescricional para ajuizamento da ação civil pública pelo procedimento investigatório em trâmite, em razão da ausência de prequestionamento. Logo, a circunstância de não ter sido enfrentada essa questão pelo eg. Tribunal Regional, mesmo quando instado a fazê-lo mediante embargos de declaração, configura verdadeira negativa de prestação jurisdicional, a infligir nulidade à r. decisão proferida em sede de embargos de declaração. Recurso de revista conhecido e provido[174].

A rigor, o ajuizamento da ação coletiva interrompe a prescrição em benefício dos trabalhadores. Nesse sentido é a jurisprudência do Tribunal Superior do Trabalho.

> OJ SBDI 1 359 Substituição processual. Sindicato. Legitimidade. Prescrição. Interrupção. A ação movida por sindicato, na qualidade de substituto processual, interrompe a prescrição, ainda que tenha sido considerado parte ilegítima "ad causam"[175].

Da mesma forma, em relação ao Ministério Público do Trabalho, se a decisão da ação civil pública pode ser posteriormente objeto de liquidação e execução em benefício das vítimas.

---

[174] RR 94700-18.2007.5.05.0661, Rel. Min. Aloysio Corrêa da Veiga, j. 04/12/2013, 6ª Turma, publ. 06/12/2013.

[175] DJ de 14/03/2008.

Em relação ao Ministério Público, há previsão expressa na Lei nº 8.078/1990 de que a instauração de inquérito civil, até o seu encerramento, obsta a decadência (art. 26, § 2º, II). Nesse caso, a instauração de procedimento no Ministério Público do Trabalho interrompe o fluxo do prazo prescricional para as ações individuais eventualmente ajuizadas pelos beneficiários.

O Tribunal Superior do Trabalho tem sido bem rigoroso em relação à identidade dos pedidos, no sentido de que a ação coletiva declaratória não interrompe a prescrição de pretensões condenatórias, que sejam deduzidas em relações trabalhistas individuais[176].

Contudo, a decisão na ação declaratória do Ministério Público do Trabalho, visando confirmar a fraude ou ilicitude, poderia servir de título para o trabalhador reivindicar as parcelas a que faz jus. Na verdade, a interrupção da prescrição ocorreu com a instauração do procedimento investigatório ou inquérito no Ministério Público, quando não havia sequer ideia da ação a ser proposta e do pedido a ser deduzido[177].

O Superior Tribunal de Justiça possui decisões em que foi aplicada a prescrição de cinco anos para a ação civil pública destinada à tutela de direitos individuais homogêneos, especificamente no caso de expurgos inflacionários dos planos econômicos dos anos de 1987 e 1989, por analogia com o prazo quinquenal previsto na Lei nº

---

[176] AIRR 1028-37.2010.5.04.0221, Rel. Min. Guilherme Augusto Caputo Bastos, j. 15/05/2013, 5ª Turma, publ. 24/05/2013.

[177] Já cheguei a manifestar entendimento restritivo acerca da interrupção da prescrição por ações coletivas, sobretudo pelo momento da reflexão. Hoje, considero tal posicionamento superado e insustentável. (PEREIRA, Ricardo José Macedo de Britto. Breves considerações sobre a interrupção da prescrição. Revista do Ministério Público do Trabalho n. 9, março de 1995, p. 50/55).

4.717/1965 (ação popular). Referido prazo foi igualmente aplicado na nulificação de prorrogação de concessão de exploração[178].

O Tribunal Superior do Trabalho também tem seguido esse entendimento, o que não é razoável. A lei da ação civil pública é posterior à lei da ação popular e foi silente em relação ao prazo prescricional. Ademais, não faz sentido permitir que a violação se perpetue no futuro, em lugar de se exigir seja regularizada em benefício da coletividade.

A tese da prescritibilidade das pretensões coletivas, caso prevaleça, deve ser aplicada com cautela para não agravar ainda mais o quadro de inefetividade dos direitos.

O Supremo Tribunal Federal consagrou a seguinte tese em sede de Recurso Extraordinário com repercussão geral, em relação à possibilidade de a ação civil pública afastar a coisa julgada, mesmo depois de ultrapassado o prazo decadencial para a ação rescisória:

> I - O trânsito em julgado de sentença condenatória proferida em sede de ação desapropriatória não obsta a propositura de Ação Civil Pública em defesa do patrimônio público, para discutir a dominialidade do bem expropriado, ainda que já se tenha expirado o prazo para a Ação Rescisória;[179]

4.13 Conciliação em Juízo na ACP trabalhista

A conciliação é instrumento de resolução de conflitos que pode dar-se fora ou no próprio processo judicial. Suas vantagens são inquestionáveis, pois evita a solução do conflito mediante imposição

---

[178] REsp nº 1.070.896, j. 14.4.2010 e REsp nº 1.089.206, j. 23/06/2009.

[179] RE 1010819, DJE de 28/05/2021. Tema de Repercussão Geral nº 858.

da autoridade, ao seguir a ordem natural de solução espontânea e direta pelos próprios interessados, que melhor conhecem suas necessidades e possibilidades[180].

No processo do trabalho, a conciliação deve sempre ser buscada. De acordo com o art. 764 da Consolidação das Leis do Trabalho, *os dissídios individuais e coletivos submetidos à apreciação da Justiça do Trabalho serão sempre sujeitos à conciliação*.

Por ocasião do estudo do termo de ajuste de conduta foi dito que tudo que pode ser alcançado na ação civil pública deve ser possível de se estabelecer no Termo de Ajuste de Conduta.

A conciliação em ação civil pública possui igual amplitude, observando-se os limites inerentes a direitos de caráter indisponível, sendo possível definir prazo, local e modo de cumprimento.

Há inclusive dúvida em relação à denominação, se seria TAC em juízo ou termo de conciliação judicial.

É muito comum denominar o termo de conciliação judicial de "acordo", o que não modifica a natureza de compromisso assumido pelo réu em ação civil pública perante o Poder Judiciário e o legitimado para a ação civil pública.

Embora não haja diferença intrínseca entre o TAC e o termo de conciliação, não há dúvida quanto aos efeitos distintos de um e outro. Enquanto o TAC pode ser questionado por ação anulatória, na hipótese de vício, o termo de conciliação o será por ação rescisória.

Outra diferença refere-se ao legitimado para a ação civil pública que não possui legitimidade para o TAC, como são as associações, as sociedades de economia mista e as empresas públicas. Porém, uma vez

---

[180] GELSI BIDART, Adolfo. "Conciliación y proceso". *Participação e processo*. Coord. Ada Pellegrini Grinover, Cândido Rangel Dinamarco e Kazuo Watanabe. São Paulo, Revista dos Tribunais, 1988, p. 258.

ajuizada a ação, poderá haver a conciliação, desde que o Ministério Público intervenha na condição de *custos iuris*[181].

Geisa de Assis Rodrigues[182] admite duas possibilidades sobre a conciliação na ação civil pública. A primeira seria a suspensão do processo judicial, aguardando-se o cumprimento pleno do compromisso. O segundo é a homologação e a extinção com resolução do mérito, caso em que o cumprimento do compromisso se dará fora do processo judicial e, em caso de descumprimento, o interessado deve ajuizar ação de execução. Em seu entendimento, "as duas possibilidades são admitidas e a realidade de cada situação é que determinará qual a solução mais adequada".

Na Justiça do Trabalho, as conciliações costumam prever pesadas multas que asseguram o cumprimento nos seus exatos termos. Uma vez que houve necessidade de ajuizamento de ação civil pública para obter resultado que poderia ter sido alcançado por TAC, o ideal é que a resolução do conflito ocorra no momento específico da audiência em que feita a conciliação. Não sendo isso possível, o termo de conciliação deve prever mecanismos eficazes para o seu cumprimento, evitando futuras medidas ajuizadas para esse fim.

Celebrada a conciliação em juízo, a homologação pelo juiz é que a tornará apta a produzir os efeitos ali contidos, não sendo de se cogitar de qualquer ato de homologação por órgão controlador interno, na hipótese em que o autor da ação é o Ministério Público.

---

[181] Nesse sentido, RODRIGUES, Geisa de Assis. *Ação civil pública e termo de ajustamento de conduta. Teoria e prática*. 2. ed. Rio de Janeiro: Forense, 2006, p. 236.

[182] RODRIGUES, Geisa de Assis. Op. cit., p. 238.

4.14 Multas

4.14.1 Hipóteses e momento de aplicação

A Lei nº 7.347/1985 estabelece, no art. 11, nas ações civis públicas cujo objeto seja o cumprimento de obrigação de fazer ou não fazer, que o juiz determinará o cumprimento da prestação da atividade devida ou a cessação da atividade nociva, sob pena de execução específica, ou de cominação de multa diária, se esta for suficiente ou compatível, independentemente de requerimento do autor.

A Lei nº 8.078/1990 possui previsão semelhante no art. 84, que determina, para o cumprimento da obrigação de fazer ou não fazer, a tutela específica da obrigação ou as providências que assegurem o resultado prático equivalente ao do adimplemento. No § 3º do mesmo artigo, há previsão de concessão de tutela liminar ou após justificação prévia, citado o réu, havendo justificado receio de ineficácia do provimento final. Nesse caso, ou na sentença, conforme § 4º, o juiz poderá impor multa diária ao réu, independentemente de pedido do autor, se for suficiente ou compatível com a obrigação, fixando prazo razoável para o cumprimento.

Segundo Mazzilli[183], nas ações civis públicas é cabível multa diária, de natureza cominatória, nas decisões liminares, nas tutelas antecipadas e nas próprias decisões, independentemente de requerimento da parte. A multa liminar é devida desde o descumprimento da ordem, mas, de acordo com o art. 12, § 2º, da Lei nº 7.347/1985, só será exigida após o trânsito em julgado. A multa na antecipação de tutela é exigida a partir do momento fixado pelo juiz. Por fim, a multa prevista na sentença é devida pelo atraso no

---

[183] MAZZILLI, Hugo Nigro. *A defesa dos interesses difusos em juízo* cit., p. 450/451.

cumprimento da determinação constante da sentença, fixando o juiz o início de sua incidência e poderá variar de acordo com o efeito do recurso interposto da sentença. A tais multas atribui-se a denominação *astreintes*, de origem francesa, como penalidade para que o devedor de uma obrigação a realize, considerando os valores que costumam ser aplicados, que se elevam progressivamente, conforme o atraso no cumprimento da prestação devida. A multa prevista no TAC, segundo o mesmo autor, possui natureza consensual, havendo maior flexibilidade na sua determinação e geralmente é devida com o descumprimento das obrigações previstas no termo.

Mazzilli esclarece que tais multas, quando se referem a interesses transindividuais indivisíveis, são destinadas ao fundo de reparação de interesses difusos. Já em relação aos interesses divisíveis, a multa se somará às indenizações individuais[184].

O mencionado § 2º do art. 12 da Lei nº 7.347/1985, que não admite que a multa concedida em liminar seja exigida antes do trânsito em julgado da decisão, será analisado em tópico próprio.

A multa não sub-roga o cumprimento da prestação, mas pressiona o devedor à prestação de fazer ou não fazer, desestimulando-o a permanecer na situação de desconformidade com o ordenamento jurídico. Por não substituir a obrigação prevista no título, a execução das multas não prejudica a execução da obrigação principal. A multa tampouco possui relação com o prejuízo sofrido pelas vítimas em razão do descumprimento da obrigação, nem se limita ao valor da obrigação principal, pois não possui natureza de cláusula penal prevista nos arts. 408 a 416 do Código Civil.

---

[184] MAZZILI, cit.

Embora a multa não deva ser irrisória, pois nesse caso não inibirá conduta diversa da obrigação imposta, não pode, por outro lado, consumir todos os recursos do devedor.

Nas palavras de Mancuso[185]:

> Dado que a multa não é, nem pode ser, um meio de o devedor se exonerar do cumprimento de obrigação decorrente da lesão a um interesse metaindividual (a ação civil pública não é ação de cobrança!), essa multa há de ser mantida e exigida ***até certo ponto***, não devendo o juiz permitir que ela se converta em causa de insolvência do devedor.

Melo[186] entende que uma vez estabelecidos os valores das multas, apenas ao juiz é dada a possibilidade de reduzi-los ou majorá-los. A multa aplica-se também ao ente estatal, quando descumpre obrigação de fazer ou não fazer imposta em decisão na ação civil pública.

A multa aplicada ao ente público, apesar de possível, não se dirige ao agente público que descumpre a obrigação imposta, a despeito de inúmeras iniciativas buscando a sua responsabilização pessoal.

De fato, esse tem sido o entendimento majoritário na jurisprudência, especialmente no Superior Tribunal de Justiça. A ementa a seguir indica a posição daquele tribunal:

> Processual civil. Astreintes. Art. 461, § 4º, do CPC. Redirecionamento a quem não foi parte no processo. Impossibilidade. Precedentes. 1. Na origem, foi ajuizada Ação Civil Pública para compelir o Estado de Sergipe ao fornecimento de alimentação a presos provisórios recolhidos em

---

[185] MANCUSO, Rodolfo de Camargo. *Ação civil pública* cit., p. 267, grifo do original.

[186] MELO, Raimundo Simão de. *Ação civil pública* cit., p. 163 e s.

Delegacias, tendo sido deferida antecipação de tutela com fixação de multa diária ao Secretário de Estado da Justiça e Cidadania, tutela essa confirmada na sentença e na Apelação Cível, que foi provida apenas para redirecionar as astreintes ao Secretário de Segurança Pública. 2. Na esteira do entendimento pacífico do Superior Tribunal de Justiça, admite-se a aplicação da sanção prevista no art. 461, § 4º do CPC à Fazenda Pública para assegurar o cumprimento da obrigação, não sendo possível, todavia, estendê-la ao agente político que não participara do processo e, portanto, não exercitara seu constitucional direito de ampla defesa. Precedentes. 3. *In casu*, a Ação Civil Pública fora movida contra o Estado de Sergipe – e não contra o Secretário de Estado –, de modo que, nesse contexto, apenas o ente público demandado está legitimado a responder pela multa cominatória. 4. Recurso Especial provido[187].

4.14.2 Exigibilidade da multa concedida liminarmente após o trânsito em julgado. Defasagem da norma

A Lei nº 7.347/1985, ao tratar da concessão de mandado liminar no art. 12, estabelece no § 2º que a multa será devida desde o descumprimento da decisão, mas exigível após o trânsito em julgado da decisão favorável ao autor.

Doutrina vem admitindo a exigibilidade da multa a partir do momento em que a decisão se torna eficaz, se não houver recurso em relação a ela ou se o recurso não é dotado de efeito suspensivo. Aguardar o trânsito em julgado da decisão que a prevê retiraria o efeito e a força da multa para alcançar o objetivo de forçar o devedor a cumprir a obrigação[188].

---

[187] REsp 1315719, DJe 18/09/2013.

[188] Cf. NEVES, Daniel Amorim Assumpção, Op. cit., p. 346.

Assim se posiciona Rita Dias Nolasco[189] sobre o tema:

> O art. 12, § 2º, da LACP estabelece que a multa só é exigível após o trânsito em julgado da sentença condenatória favorável ao autor. Todavia, entendemos que este dispositivo não pode mais ser aplicado, devendo ser permitida a execução da multa antes mesmo do trânsito em julgado, paulatinamente, conforme haja o descumprimento, para que realmente possa ser um instrumento útil de coerção, viabilizando a efetivação da tutela específica. O art. 84 do CDC, que é posterior à Lei 7.347/85 e a esta se aplica (art. 21, LACP), não condiciona a exigibilidade da multa ao trânsito em julgado.

O Superior Tribunal de Justiça vem se colocando nesse mesmo sentido, como indica a ementa abaixo, embora o caso não se refira à ação civil pública:

> Processual civil. Administrativo. Ação popular. Placas instaladas em obras públicas contendo símbolo de campanha política. Remoção. Antecipação de tutela. Cominação de muta diária. Astreintes. Obrigação de fazer. Incidência do meio de coerção. Art. 461, § 4º, do CPC. Multa cominada em decisão interlocutória. Execução. Custas judiciais. Isenção. Divergência Indemonstrada. 1. A tutela antecipada efetiva-se via execução provisória, que hodiernamente se processa como definitiva (art. 475-O, do CPC).
>
> 2. A execução de multa diária (astreintes) por descumprimento de obrigação de fazer, fixada em liminar concedida em Ação Popular, pode

[189] NOLASCO, Rita Dias. "Contornos nucleares da execução coletiva". *Processo Civil Coletivo.* São Paulo: Quartier Latin, 2005, p. 443.

> ser realizada nos próprios autos, por isso que não carece do trânsito em julgado da sentença final condenatória.
>
> 3. É que a decisão interlocutória, que fixa multa diária por descumprimento de obrigação de fazer, é título executivo hábil para a execução definitiva. Precedentes do STJ: AgRg no REsp 1116800/RS, Terceira Turma, DJe 25/09/2009; AgRg no REsp 724.160/RJ, Terceira Turma, DJ 01/02/2008 e REsp 885.737/SE, Primeira Turma, DJ 12/04/2007.
>
> 4. É cediço que a função multa diária (astreintes) é vencer a obstinação do devedor ao cumprimento da obrigação de fazer (fungível ou infungível) ou entregar coisa, incidindo a partir da ciência do obrigado e da sua recalcitrância. Precedentes do STJ: AgRg no Ag 1025234/SP, DJ 11/09/2008; AgRg no Ag 1040411/RS, DJ 19/12/2008; REsp 1067211/RS, DJ 23/10/2008; REsp 973.647/RS, DJ 29/10/2007; REsp 689.038/RJ, DJ 03/08/2007: REsp 719.344/PE, DJ 05/12/2006; e REsp 869.106/RS, DJ 30/11/2006.
>
> 5. A 1ª Turma, em decisão unânime, assentou que: a "(...) função das astreintes é vencer a obstinação do devedor ao cumprimento da obrigação de fazer ou de não fazer, incidindo a partir da ciência do obrigado e da sua recalcitrância" (REsp 699.495/RS, rel. Min. LUIZ FUX, DJ de 05.09.05), é possível sua execução de imediato, sem que tal se configure infringência ao artigo 475-N, do então vigente Código de Processo Civil (REsp 885.737/SE, Primeira Turma, DJ 12/04/2007)...[190]

Ou seja, o par. 2º do art. 2º da Lei nº 7.347/1985 já não é compatível com as exigências do processo coletivo na atualidade. Não faz sentido admitir a exigibilidade da multa a partir do descumprimento da

---

[190] REsp 1.098.028, j. 09/02/2010, DJe 02/03/2010.

decisão na ação popular e não permitir que na ação civil pública ela seja exigida antes do trânsito em julgado da decisão. Referido dispositivo é de antes da Constituição de 1988, de modo que sua recepção pela nova ordem constitucional é questionável em dois aspectos. O primeiro é o do acesso à ordem jurídica justa e efetiva (art. 5º, XXXV, CF) e o segundo é o da razoável duração do processo e dos meios que garantam a celeridade de sua tramitação (art. 5º, LXXVIII, CF). É contraditório tolher mecanismo de fundamental importância para a tutela coletiva via ação civil pública e reconhecê-lo a todos os cidadãos na ação popular. A incoerência desse entendimento é evidente. De qualquer forma, superando o entendimento de que o citado § 2º do art. 12 da Lei nº 7.347/1985 foi recepcionado pela Constituição, ele não ultrapassa o art. 84 da Lei nº 8.078/1990, que prevê a mesma multa, sem retardar a sua exigibilidade. O § 3º desse dispositivo legal autoriza a concessão liminar da tutela, constando expressamente de seu § 4º: *O juiz poderá, na hipótese do § 3º ou na sentença, impor multa diária ao réu, independentemente de pedido do autor, se for suficiente ou compatível com a obrigação, fixando prazo razoável para o cumprimento do preceito.*

Os dispositivos normativos que compõem o sistema de tutela coletiva não comportam leituras isoladas. A aplicação do § 2º do art. 12 da Lei nº 7.347/1985 de forma isolada, sem associar ao § 4º do art. 84 da Lei nº 8.078/1990, gera a disfunção do sistema. Além disso, chega-se ao resultado absurdo de nas ações individuais admitir que a multa concedida liminarmente, com base no § 4º do art. 461 do Código de Processo Civil anterior, que possui a mesma redação do § 4º do art. 84 da Lei nº 8.078/1990, seja exigida no prazo determinado pelo juiz, enquanto a multa concedida liminarmente na ação civil pública, somente após o trânsito em julgado.

Essa contradição é visível no próprio Superior Tribunal de Justiça, ao determinar, em algumas decisões, a exigibilidade da multa liminarmente concedida na ação civil pública, somente após o trânsito em julgado, com base no citado dispositivo já revogado, como se verifica na ementa abaixo:

> Embargos declaratórios. Agravo Regimental. Recurso Especial. Ação Civil Pública. Astreintes. Exigibilidade condicionada à procedência do pedido. Art. 12, § 2º, LACP. 1 - Contagem em dobro do prazo recursal quando os litisconsortes tenham diferentes procuradores (art. 191 do CPC). 2 - A exigibilidade da multa cominada liminarmente em ação civil pública fica condicionada ao trânsito em julgado da decisão final favorável ao autor (art. 12, § 2º, da Lei nº 7.347/1985). 3 - Decisão embargada reconsiderada e agravo interno provido[191].

O Tribunal Superior do Trabalho possui decisões admitindo a exigibilidade imediata da multa prevista no § 4º do art. 461 do Código de Processo Civil anterior, independentemente de trânsito em julgado da decisão, o que é perfeitamente adequado, conforme trecho da ementa abaixo:

> Obrigação de fazer. Descumprimento. Multa diária. Termo inicial. Art. 461, § 4º, do CPC. A multa aplicada para o caso de descumprimento de obrigação de fazer, prevista no art. 461, § 4º, do CPC, é uma faculdade conferida ao julgador e constitui sanção pecuniária, com o intuito de compelir o réu ao cumprimento de determinada obrigação, no caso, a cessação do tratamento discriminatório dispensado ao reclamante. O

---

[191] EDcl no AgRg no REsp 756224/MG, DJe 04/10/2011.

> ordenamento jurídico pátrio, regendo a questão da multa -astreintes- no art. 461, § 4º, do CPC, expressamente autorizou o Órgão Julgador, de ofício ou a requerimento da parte, a impor multa diária ao réu em caso de descumprimento de ordem judicial, consistente em obrigação de fazer ou não fazer. O aludido dispositivo estabelece, ainda, que será fixado -prazo razoável para o cumprimento do preceito-, sem qualquer alusão ao trânsito em julgado, deixando em aberto, portanto, a possibilidade de execução provisória da multa diária. Inviável, pois, a pretensão da reclamada de que a cobrança das -astreintes- se dê apenas após o trânsito em julgado da demanda[192].

Porém, o tribunal incide em contradição ao negar essa mesma possibilidade nas liminares concedidas em ação civil pública, com base na Lei nº 7.347/1985, como se verifica na ementa a seguir:

> Recurso de Revista. Astreintes. Ação Civil Pública. Descumprimento de decisão judicial. Trânsito em julgado. Nos termos do artigo 12, § 2º, da Lei de Ação Civil Pública, a multa cominada liminarmente em ação civil pública só será exigível do réu após o trânsito em julgado da decisão favorável ao autor, mas será devida desde o dia em que se houver configurado o descumprimento. Recurso de revista conhecido e provido[193].

O próprio Tribunal Superior do Trabalho já solucionou essa questão na SBDI1, ainda que mediante abordagem mais generalizada. Eis a parte da ementa:

---

[192] ARR 960-96.2012.5.08.0127, Rel. Min. Aloysio Corrêa da Veiga, j. 06/11/2013, 6ª Turma, publ. 08/11/2013.

[193] RR 161200-53.2004.5.03.0103, Rel. Min. Guilherme Augusto Caputo Bastos, j. 15/05/2013, 5ª Turma, publ. 14/06/2013.

Multa por descumprimento de obrigação de fazer. Exigibilidade do pagamento antes do trânsito em julgado. Inexistência de ofensa ao princípio do contraditório e da ampla defesa. A Turma não conheceu do recurso de revista da ré quanto ao tema relativo à exigibilidade da multa antes do trânsito em julgado, sob o fundamento de que não se caracterizava violação direta e literal do art. 5º, LV, da Constituição Federal, visto que a lesão ao referido dispositivo constitucional prescinde de ofensa à norma infraconstitucional - no caso, o art. 12, § 2º, da Lei n.º 7.347/1985. Nesse contexto, embora a embargante defenda tese no sentido de que o termo *a quo* da incidência da multa prevista no art. 461, § 4º, do CPC, somente se dá com o trânsito em julgado do provimento jurisdicional, a matéria será examinada apenas sob a ótica da existência de ofensa ao contraditório e à ampla defesa (art. 5º, LV, da Constituição Federal) no que se refere à possibilidade de executar a multa por descumprimento da obrigação de fazer imposta na presente ação civil pública, astreinte, antes do trânsito em julgado da decisão de conhecimento. Em rigor, a exigibilidade da astreinte antes do trânsito em julgado da decisão não ofende o art. 5º, LV, da Constituição Federal, na medida em que a matéria é regulada por legislação infraconstitucional e a questão discutida não diz respeito ao contraditório ou à ampla defesa. O Supremo Tribunal Federal, em várias decisões, exige a multa do art. 557, § 2º, do CPC antes do trânsito em julgado, o que reforça a conclusão de que a execução imediata de multa processual não ofende o princípio do contraditório e da ampla defesa (art. 5º, LV, da Constituição Federal). O STJ também tem decidido no sentido da desnecessidade do trânsito em julgado da sentença para a execução da astreinte. Recurso de embargos conhecido e não provido[194].

O Código de Processo Civil no art. 537, nos §§ 3º, 4º e 5º, prevê:

> § 3º A decisão que fixa a multa é passível de cumprimento provisório, devendo ser depositada em juízo, permitido o levantamento do valor após o trânsito em julgado da sentença favorável à parte.
> § 4º A multa será devida desde o dia em que se configurar o descumprimento da decisão e incidirá enquanto não for cumprida a decisão que a tiver cominado.
> § 5º O disposto neste artigo aplica-se, no que couber, ao cumprimento de sentença que reconheça deveres de fazer e de não fazer de natureza não obrigacional.

4.14.3 Regularização tardia da situação em desconformidade com o ordenamento jurídico e exigência da multa

Alguns infratores costumam jogar com a atuação dos órgãos encarregados de fiscalizar e de tutelar o ordenamento jurídico, buscando levar o descumprimento de suas normas até o limite. A regularização se verifica apenas quando percebem que serão punidos. Ainda assim, o fazem na expectativa de escapar da multa cominatória.

Caso lograssem êxito nessa tentativa, haveria enorme risco de descumprimento das normas trabalhistas, passando a ser observadas somente após atuação para exigir a adequação correspondente. Para evitar manobras como essa, o Tribunal Superior do Trabalho

---

[194] E-ED-RR 81300-56.2002.5.03.0017, Rel. Min. Augusto César Leite de Carvalho, j. 01/03/2012, Subseção I Especializada em Dissídios Individuais, publ. 16/03/2012.

reconhece ser devida a multa na regularização tardia da situação, como se verifica na ementa abaixo:

> Recurso de Revista – Ação Civil Pública – Condenação da Ré em obrigação de não fazer – Conduta regularizada no curso do processo – Multa cominatória - Cabimento.
> A priorização da tutela específica na ação civil pública, que é consectário das previsões contidas nos arts. 3º e 11 da Lei nº 7.437/1985, mais do que assegurar às partes o acesso ao bem da vida efetivamente perseguido através do processo, traz consigo valiosa possibilidade por buscar-se tanto a tutela reparatória – aquela que se volta à remoção do ilícito já efetivado – quanto à tutela inibitória, consistente na qualidade da prestação jurisdicional que busca evitar a consumação do ilícito e que, portanto, prescinde do dano. Independentemente da modalidade de tutela específica perseguida, tem-se que a efetividade, e mesmo a autoridade da decisão jurisdicional que a determina, fica condicionada à utilização de meios de coerção que efetivamente constranjam o demandado a cumprir a prestação específica que lhe foi imposta. A multa cominatória já prevista no art. 11 da Lei nº 7.437/1985, e que também encontrava respaldo no § 4º do art. 84 do CDC, foi generalizada no processo civil pelo § 4º do art. 461 do CPC e revela-se como instrumento pilar da ação civil pública, que hoje se constitui num dos mais efetivos meios de judicialização dos valores consagrados pela ordem constitucional[195].

Trata-se de entendimento que se extrai do sistema de tutela coletiva e permite o seu funcionamento adequado.

---

[195] RR 107500-26.2007.5.09.0513, DEJT 23/09/2011.

4.14.4 Beneficiário da multa nas ações civis públicas para a reparação de interesses e direitos individuais homogêneos

Como já afirmado, a multa aplicada em decorrência de descumprimento de decisão em ação civil pública para a defesa de interesses e direitos coletivos e difusos é destinada ao fundo e a que resulta de decisão alusiva a interesses e direitos individuais homogêneos pode, de acordo com a situação, ser destinada aos próprios beneficiários ou ao fundo previsto em lei.

A jurisprudência confirma a possibilidade de recebimento dessas multas pelos beneficiários, como se verifica das ementas abaixo:

> Recurso de Revista. 1. Multa diária. Beneficiário. Provimento. Do cotejo dos arts. 461, §§ 2º, 4º e 287 do CPC, constata-se que o Juiz, de ofício ou a requerimento da parte, poderá fixar uma pena pecuniária, a fim de obrigar o devedor a cumprir a obrigação na forma específica e sendo a indenização por perdas e danos cumulável com a multa diária, esta deverá ser revertida para aquele que também receberá a indenização. Assim, considerando que o reclamante é o prejudicado pelo descumprimento da determinação judicial, nada mais lógico que a astreintes seja revertida em seu favor. Precedentes do Superior Tribunal de Justiça e desta Corte Superior. Recurso de revista de que se conhece e a que se dá provimento[196].

Porém, se a multa foi direcionada para o Fundo, não é possível alterar sua destinaçãona execução, conforme ementa a seguir:

---

[196] RR 62700-72.2009.5.20.0015, Rel. Min. Guilherme Augusto Caputo Bastos, j. 06/11/2013, 5ª Turma, publ. 14/11/2013.

> Recurso de Revista do Reclamante. Execução. Astreintes. Beneficiário. Redirecionamento de ofício. Coisa julgada. Viola a coisa julgada decisão regional por meio da qual se determina o pagamento ao Fundo de Amparo ao Trabalhador – FAT do valor devido a título de astreintes, na hipótese em que a decisão que transitou em julgado determinava como beneficiário das astreintes o reclamante. Recurso de revista conhecido e provido[197].

O art. 537, § 2º, do Código de Processo Civil estabelece que o "valor da multa será devido ao exequente".

4.15 Sentença na ACP trabalhista

4.15.1 Considerações gerais

Os atos do juiz, conforme o art. 203 do Código de Processo Civil, subdividem-se em: "a) sentenças, que são as decisões judiciais que, nos termos dos arts. 485 e 487, põem termo à fase cognitiva do procedimento ou extingue a execução; b) interlocutórias são as decisões judiciais que não se enquadram como sentença; e c) despachos são os demais pronunciamentos do juiz no processo, de ofício ou a requerimento da parte".

Na sistemática processual anterior, antes da Lei nº 11.232/2005, considerava-se sentença o ato pelo qual o juiz põe termo ao processo, decidindo ou não o mérito da causa (art.162, § 1º, CPC). Tratava-se de impropriedade, pois a sentença terminaria processo, cujo curso poderia prosseguir, caso houvesse interposição de recursos. O recurso não origina nova relação processual, sendo o

---

[197] ARR 130000-29.2005.5.20.0003, Rel. Min. Hugo Carlos Scheuermann, j. 28/08/2013, 1ª Turma, publ. 06/09/2013.

prolongamento da ação e do processo já existente. A rigor, o que a sentença colocava termo era ao procedimento de primeiro grau. Daí a alteração promovida pela referida lei, estabelecendo que sentença é o ato do juiz que implica alguma das situações previstas nos arts. 267 e *269 desta Lei.*

O julgamento colegiado realizado pelos tribunais que substitui a sentença, confirmando ou modificando-a, ou que a anula, é externado pelo ato denominado acórdão (art. 204 do CPC).

A competência hierárquica para o julgamento da ação civil pública, após decisões que chegaram a fixar a competência dos Tribunais Regionais do Trabalho ou do Tribunal Superior do Trabalho, seguindo o procedimento dos dissídios coletivos, consolidou-se no sentido que é das Varas do Trabalho, questão hoje pacificada na jurisprudência. Desse modo, a ação civil pública sempre será julgada por meio de sentença, que poderá ser submetida aos tribunais mediante recursos.

A sentença, na ação civil pública, pode resultar num provimento declaratório, constitutivo, condenatório ou executivo. Há ainda os que incluem o provimento mandamental, baseados na classificação de Pontes de Miranda[198].

Como relata Marcello Ribeiro Silva, considerando as hipóteses enumeradas na Lei nº 7.347/1985, a ação civil pública, inicialmente, restringia-se a veicular pretensões condenatórias, especialmente cominatórias, consistente em obrigações de fazer e não fazer. Com o advento da Lei nº 8.078/1990, o mecanismo de integração entre as normas das duas leis, além de estender a tutela prevista a quaisquer interesses e direitos difusos e coletivos e incorporar os interesses e

---

[198] MIRANDA, F.C. Pontes de. *Comentários ao Código de Processo Civil.* Atualização legislativa de Sergio Bermudes. Tomo V - arts. 444 a 475, 3. ed. Rio de Janeiro: Forense, 1997, p. 48/49.

direitos individuais homogêneos, ampliou significativamente os tipos de provimento na ação civil pública. O art. 83 da Lei nº 8.078/1990 expressa o propósito ampliativo, ao determinar que para a defesa dos direitos e interesses protegidos por este código são admissíveis todas *as* espécies de ações capazes de propiciar sua adequada e efetiva tutela[199].

A cumulação de pedidos está expressamente prevista no art. 3º da Lei nº 7.347/1985, ao prever que a ação civil poderá ter por objeto a condenação em dinheiro ou o cumprimento de obrigação de fazer ou não fazer.

A possibilidade de cumulação de pedidos é da essência da tutela coletiva, pois todas as providências para a resolução do problema em sua integralidade devem concentrar-se na mesma ação. O procedimento deve se ajustar a esse imperativo.

A jurisprudência do TST e do STJ é pacífica no sentido da possibilidade de cumulação de pedidos de obrigação de fazer e não fazer com condenação em dinheiro, aplicando rigorosamente a previsão legal.

No TST, pode-se mencionar o seguinte exemplo:

> (...) Ação Civil Pública. Cumulação. Obrigação de fazer e condenação em pecúnia. Nos termos do art. 3º da Lei nº 7.347/1985 é possível a cumulação de pedidos de obrigação de fazer, ou não fazer, com condenação ao pagamento de indenização em pecúnia, em ação civil pública. Recurso de revista não conhecido[200].

---

[199] SILVA, Marcelo Ribeiro. *Ação civil pública* cit., p. 184/185.

[200] RR 20700-78.2006.5.15.0087, Rel. Min.: Aloysio Corrêa da Veiga, j. 10/04/2013, 6ª Turma, publ. 10/05/2013.

No STJ, o entendimento é o mesmo, conforme ementa abaixo:

> Ambiental. Recurso Especial. Danos ambientais. Ação Civil Pública. Obrigações de recompor/restaurar/reparar e obrigação de indenizar. Cumulação. Possibilidade. 1. Trata-se, na origem, de ação civil pública ajuizada com o objetivo de condenar o recorrido a abster-se de intervir em área de especial proteção ambiental, a averbar a reserva legal, a recompô-la e a pagar uma indenização pecuniária. A instância ordinária entendeu que não é possível cumular as obrigações de recompor e de indenizar, uma vez que a perícia técnica entendeu que é possível recuperar *in natura* a área afetada. 2. Nas razões recursais, sustenta a parte recorrente ter havido violação aos arts. 2º, 4º e 14 da Lei nº 6.938/1981 e 3º da Lei nº 7.347/1985, ao argumento de que é cabível a cumulação entre condenação em obrigação de fazer ou não fazer e condenação de pagar para fins de completo retorno ao ***status quo ante*** tendo em conta a degradação ambiental. 3. É pacífico nesta Corte Superior o entendimento segundo o qual é possível a cumulação entre as obrigações de recompor/restaurar/recuperar as áreas afetadas por danos ambientais e a obrigação de indenizar em pecúnia. Precedentes. 4. Recurso especial provido[201].

4.15.2 As modalidades de tutela dos direitos no processo civil contemporâneo

Marinoni[202], em importante estudo, destaca a insuficiência do processo civil clássico para a tutela adequada dos direitos. O direito

---

[201] REsp 1264250/MG, DJ 11/11/2011.

[202] MARINONI, Luiz Guilherme. *Técnica processual e tutela dos direitos*. 4.. ed. São Paulo: Revista dos Tribunais, 2013, p. 33 e s.

processual clássico foi fortemente influenciado pelas concepções liberais, segundo as quais o juiz possuía papel bastante reduzido.

Em razão da necessidade de ajustar o sistema processual às exigências do direito material, assim como às diferenças sociais entre as partes no processo, houve substanciosa alteração na legislação processual, a partir de novas bases e concepções.

Marinoni[203], ao tratar de parte dessas reformas, comenta:

> A técnica antecipatória foi estruturada de diferentes formas, tornando-se possível requerer a antecipação de tutela quando houver: i) receio de dano (arts. 273, I, 461, § 3º, e 461-A, do CPC, e 84, § 3º, do CDC); ii) abuso de direito de defesa (art. 273, II, do CPC); e iii) parcela incontroversa da demanda (art. 273, § 6º, do CPC).
> (...) *Somente mediante a classificação das tutelas (que nada tem a ver com a classificação das sentenças) é possível saber o objeto material do processo, e assim definir as reais necessidades do direito material e, nessa perspectiva, a técnica processual que deve estar ao seu dispor. Se, em casos excepcionais - mencionados nos arts. 273, 461 e 461-A do CPC e 84 do CDC –, a tutela (que em regra deveria ser concedida ao final) pode ser concedida antecipadamente, é evidente que a sua natureza não se modificará quando antecipada. Por isso, para saber a natureza da tutela antecipada, é preciso definir a natureza da tutela final (que evidentemente se altera conforme o caso conflitivo concreto).*

A antecipação da tutela está relacionada, como já mencionado, ao tempo do processo e o ônus de suportá-lo pelas partes. Tanto a urgência de sua concessão, em caso de plausibilidade do direito ou

---

[203] MARINONI. *Tutela processual* cit., p. 162, grifo no original.

da ausência de controvérsia, quanto resultante do exercício abusivo do direito de defesa, justificam a transferência desse ônus do tempo do processo ao réu.

Em consonância com o que foi dito em relação à interpretação do pedido na ação civil pública, que deve ser interpretado de forma extensiva e não restritiva, os novos dispositivos atribuem ao juiz o poder de propiciar tutela distinta da requerida, considerando as exigências de direito material, de modo que o princípio da congruência entre pedido e decisão perde sua rigidez no processo coletivo.

O art. 139, IV, do Código de Processo Civil prevê que incumbe ao juiz determinar todas as medidas indutivas, coercitivas, mandamentais ou sub-rogatórias necessárias para assegurar o cumprimento de ordem judicial, inclusive nas ações que tenham por objeto prestação pecuniária.

Esse aumento de poder do juiz vai acompanhado da necessidade de apresentar fundamentação capaz de revelar que as decisões tomadas estão em conformidade com o ordenamento jurídico e com os princípios do direito processual contemporâneo.

Destaca-se, dessa forma, nas diversas modalidades de tutela, a tutela inibitória, que resulta de "'ação de conhecimento' de natureza preventiva, destinada a impedir a prática, a repetição ou a continuação do ilícito". A tutela inibitória previne o ilícito, ainda que se queira evitar sua repetição ou continuação, dirigindo-se ao futuro e não ao passado. A tutela de remoção do ilícito destina-se a eliminar o ilícito já praticado, dirigindo-se ao passado, porém impede que novos danos sejam produzidos no futuro[204].

---

[204] MARINONI, Luiz Guilherme. *Tutela processual* cit., p. 200, 203, 213 e 215.

Tanto a tutela inibitória quanto a de remoção do ilícito voltam-se contra prática desconforme com o ordenamento jurídico, de modo que sua concessão não depende da ocorrência de dano e tão somente da violação da norma.

A tutela específica visa ao restabelecimento da situação anterior ao ilícito ou da situação existente caso o ilícito não houvesse ocorrido.

A tutela ressarcitória específica verifica-se diante da produção do dano, sendo necessária a sua reparação. O dano pode ser ressarcido na forma específica ou em pecúnia e, em algumas situações, de maneira cumulada.

A tutela específica de obrigações contratuais de fazer e não fazer ocorre na hipótese de obrigação não adimplida, mas que, ainda assim, pode ser cumprida no interesse do credor. A tutela específica, nesse caso, decorre da insuficiência da "tutela pelo equivalente em pecúnia". A tutela específica assegura o bem em si e não a importância equivalente. Ela está prevista nos arts. 497 do Código de Processo Civil e 84 da Lei nº 8.078/1990[205].

O juiz, de ofício ou a requerimento da parte, poderá, para exigir o cumprimento de obrigação de fazer ou não fazer, seja na efetivação da tutela específica ou a tutela pelo resultado prático equivalente, determinar a imposição de multa, a busca e apreensão, a remoção de pessoas e coisas, o desfazimento de obras e o impedimento de atividade nociva, podendo, caso necessário, requisitar o auxílio de força policial, incidindo o executado que descumprir injustificadamente a ordem judicial nas penas de litigância de má-fé, sem prejuízo da responsabilização por crime de desobediência (art. 536, §§ 1º e 3º do CPC).

[205] MARINONI, Luiz Guilherme. *Tutela processual* cit., p. 292.

A aplicação de multa não se condiciona a requerimento da parte e pode ocorrer na fase de conhecimento, tutela provisória, sentença, fase de execução, devendo ser suficiente e compatível com a obrigação e que se determine prazo razoável para cumprimento do preceito (art. 537 do CPC).

Há ainda a tutela específica de entregar ou restituir coisa, prevista no art. 498 do Código de Processo Civil e a tutela pecuniária específica que não se confunde com a tutela pecuniária pelo equivalente. A primeira refere-se à obrigação de pagar quantia em dinheiro, como obrigação originária, enquanto a segunda trata da conversão da obrigação em perdas e danos[206].

A interpretação do art. 3º da Lei nº 7.347/1985, que prevê como objeto da ação civil pública condenação em dinheiro ou o cumprimento da obrigação de fazer ou não fazer, deve invocar o § 1º do art. 84 da Lei nº 8.078/1990, que prevê a conversão da obrigação em perdas e danos somente diante da impossibilidade de tutela específica ou resultado prático equivalente. A preferência por prestação específica ou equivalente em relação à pecuniária se deve ao propósito de preservar os interesses coletivos em jogo.

Há possibilidade de sentença meramente declaratória em ação civil pública. Porém, a tutela adequada reclama em geral sua cumulação com provimentos de outra natureza, de acordo com a situação concreta, procurando a resolução integral e suficiente do problema, para que não haja necessidade de ingressar com novas medidas judiciais no futuro, dirigidas ao mesmo caso.

Na hipótese de contratação de trabalhadores mediante terceirização ilícita, a ação civil pública, para combater a violação

---

[206] MARINONI, Luiz Guilherme. *Tutela processual* cit., p. 454.

ao ordenamento jurídico, com a amplitude necessária, deverá ter como objeto a declaração da nulidade da intermediação de mão de obra, a desconstituição das cláusulas contratuais que a preveem, a obrigação de não celebrar contratos da espécie, sob pena de multa, e danos morais coletivos. É possível ir além, mediante a declaração de que o vínculo de emprego se deu diretamente com a tomadora dos serviços, postulando a obrigação de fazer de contratar todos os terceirizados, bem como pagar os efeitos pecuniários daí decorrentes, cuja individualização será objeto de liquidação e execução nos termos dos arts. 97 e seguintes da Lei nº 8.078/1990. A origem comum dos interesses e direitos no caso hipotético legitima os entes coletivos a prosseguir, inclusive, na fase de liquidação e execução que beneficiará cada empregado individualmente.

Observe-se que, nesse caso, como já abordado, não se aplica a previsão de publicação de edital para que os interessados possam figurar como litisconsortes, como previsto no art. 94 da Lei nº 8.078/1990, considerando que o objeto da ação é mais amplo, envolvendo interesses e direitos indivisíveis, para cuja tutela os empregados não possuem legitimidade. Eventual decisão desfavorável não os prejudicará, nos termos do art. 103, III, da Lei nº 8.078/1990.

Se a opção for a de não incluir no objeto da ação civil pública, os pedidos de natureza condenatória de obrigações que se relacionam à esfera jurídica dos empregados individualmente, eles poderão valer-se da sentença na ação civil pública, para formularem pedidos de condenação individualizada, nos termos do § 3º do art. 103 da Lei nº 8.078/1990, diretamente ou por meio do sindicato da categoria.

4.15.3 Gratuidade, sucumbência e honorários advocatícios

A gratuidade da ação civil pública é prevista nos arts. 18 da Lei nº 7.347/1985 e art. 87 da Lei nº 8.078/1990, ambos praticamente com a mesma redação:

> Nas ações de que trata esta lei, não haverá adiantamento de custas, emolumentos, honorários periciais e quaisquer outras despesas, nem condenação da associação autora, salvo comprovada má-fé, em honorários de advogado, custas e despesas processuais.

Pode-se pensar que a isenção se restringe apenas ao adiantamento das despesas, mas no art. 17 da Lei nº 7.347/1985, bem como no parágrafo único do art. 87 da Lei nº 8.078/1990, determina-se o pagamento apenas na hipótese de má-fé, como consta da letra desses dispositivos:

> Em caso de litigância de má-fé, a associação autora e os diretores responsáveis pela propositura da ação serão solidariamente condenados em honorários advocatícios e ao décuplo das custas, sem prejuízo da responsabilidade por perdas e danos.

Esse entendimento aplica-se a todos os legitimados para a ação civil pública, embora os dispositivos citados apenas mencionem *associação autora*. O Superior Tribunal de Justiça adota a isonomia, ao aplicar a gratuidade a todos os legitimados para a ação civil pública, conforme ementa abaixo:

> (...) 2. Esta Corte Superior tem se posicionado no sentido de que, nos casos em que a ação civil pública proposta pelo Ministério Público for

> julgada improcedente, somente haverá condenação ao pagamento de honorários advocatícios quando comprovada a má-fé do órgão ministerial, que, na hipótese, não restou configurada (AgRgREsp 887.631/SP, rel. Min. Mauro Campbell Marques, DJe 28/06/2010, REsp 1.099.573/RJ, rel. Min. Castro Meira, DJe 19/05/2010, EREsp 895.530/PR, rel. Min. Eliana Calmon, DJe 18/12/2009, REsp 764.278/SP, rel. Min. Teori Albino Zavascki, DJe 28/05/2008 e REsp 896.679/RS, rel. Min. Luiz Fux, DJe 12/05/2008). 3. Agravo regimental improvido[207].

No processo do trabalho, são isentos do pagamento das custas, além dos que obtiverem o benefício da justiça gratuita, a União, os Estados, o Distrito Federal e os Municípios, assim como suas respectivas autarquias e fundações públicas que não exploram atividade econômica e o Ministério Público do Trabalho. Trata-se de alteração legislativa promovida pela Lei nº 10.537/2002, que acrescentou o art. 790-A da CLT, pois pela sistemática do Decreto-Lei nº 779, de 21 de agosto de 1969, apenas a União era isenta do recolhimento das custas; as demais pessoas jurídicas de direito público as recolhiam ao final.

A gratuidade aplica-se ao autor, em decorrência do acesso amplo à tutela coletiva. O réu evidentemente dela não se beneficia.

Nesse sentido é a jurisprudência do STJ, conforme ementa a seguir:

> Processual civil. Recurso especial. Porte de remessa e retorno. Peça essencial à formação do agravo de instrumento. Ação civil pública. Isenção. Aplicabilidade do art. 18 da Lei nº 7.347/1985 apenas ao autor da ação. Agravo regimental a que se nega provimento[208].

---

[207] REsp 1120390, DJe 22/11/2010.

[208] AgRg no Ag 1383042, DJe 13/09/2011.

No processo do trabalho, ao contrário do civil, não há necessidade de pagamento das custas processuais de imediato, tampouco de antecipá-las, ficando elas a cargo da parte vencida, que as pagará ao final (789, § 1º, CLT), ou por ocasião da interposição de recurso, recolhidas e comprovadas no prazo de interposição. Tampouco há rateio proporcional das despesas quando ambas as partes são parcialmente vencida e vencedora (art. 86 do CPC), salvo nas lides não decorrentes da relação de emprego (art. 3º, § 3º, IN 27 TST, de 16/02/2005).

Havendo necessidade de prova pericial, os autores da ação civil pública não necessitam antecipar as despesas. Caso o requerimento de tal prova seja feita pelo réu, cabe a ele, se for o caso, efetuar o pagamento para a realização da perícia. Os autores devem dar prioridade aos peritos do próprio Estado, para evitar problemas em relação ao pagamento de seus honorários na hipótese de sucumbência no objeto da perícia.

A partir da denominada reforma trabalhista (Lei nº 13.467/2017), o beneficiário da justiça gratuita, caso seja sucumbente no objeto da perícia, passou a responder pelo pagamento dos honorários periciais (art. 790-B). Esse pagamento será feito pela União, apenas se o beneficiário não houver recebido outros créditos em juízo, que suportem a despesa.

Assim como existe interesse público quando o Estado assume o pagamento da perícia para as pessoas carentes, beneficiárias da justiça gratuita, igual interesse se faz presente quando a perícia é feita para reverter em prol da coletividade, na hipótese excepcional de realização de perícia por particular, sendo sucumbente o autor da ação civil pública no objeto da perícia.

Em relação aos honorários advocatícios, a reforma trabalhista (Lei nº 13.467/2017) também passou a prever o seu pagamento na Justiça do Trabalho (art. 791 da CLT). Contudo, aplica-se na hipótese o microssistema de tutela coletiva que prevê o pagamento apenas em caso de má-fé.

Por outro lado, não há razão de, até o momento, não haver condenação de honorários advocatícios nas ações civis públicas ajuizadas pelo Ministério Público do Trabalho, principalmente quando o réu retarda de forma injustificada a adequação da situação ao ordenamento jurídico, o que caracterizaria má-fé. Há um gasto considerável com o pagamento de procuradores e servidores, com movimentação da máquina do Ministério Público do Trabalho, que acaba assumindo esses custos, pelos quais responde toda a coletividade, isentando de seu pagamento réus sucumbentes.

Contudo, o entendimento do Superior Tribunal de Justiça não é nesse sentido, conforme a seguinte ementa:

> Processual civil. Agravo Regimental no Agravo em Recurso Especial. Ação Civil Pública. Fixação de honorários advocatícios em favor do Ministério Público. Impossibilidade. 1. A jurisprudência da Primeira Seção deste Superior Tribunal é firme no sentido de que, por critério de absoluta simetria, no bojo de ação civil pública não cabe a condenação da parte vencida ao pagamento de honorários advocatícios em favor do Ministério Público. Precedente: EREsp 895530/PR, rel. Min. Eliana Calmon, Primeira Seção, j. 26/08/2009, DJe 18/12/2009. 2. Agravo regimental não provido[209].

---

[209] AgRg no AREsp 21466, DJe 22/08/2013.

As alterações promovidas na Consolidação das Leis do Trabalho pela reforma trabalhista (Lei nº 13.467/2017) que preveem o pagamento de custas e honorários periciais e advocatícios pelos beneficiários da justiça gratuita, caso tenham obtido em juízo créditos capazes de suportar essas despesas foram consideradas inconstitucionais pelo Supremo Tribunal Federal, salvo em relação à ausência injustificada à audiência de julgamento[210].

4.16 Dano Moral Individual e Coletivo na ACP trabalhista

4.16.1 Considerações gerais sobre o dano moral individual e coletivo

A Constituição de 1988 rompeu com a ideia de restringir ao âmbito meramente patrimonial os danos resultantes do descumprimento de obrigações e deveres previstos em instrumentos jurídicos. As resistências quanto à possibilidade jurídica de condenação em dano moral foram vencidas, em parte, sendo transferidas para aspectos pontuais as controvérsias sobre o tema, como, por exemplo, a quantificação do dano.

O art. 5º, V e X, da Constituição prevê, respectivamente, que "é assegurado o direito de resposta, proporcional ao agravo, além da indenização por dano material, moral ou à imagem" e "são invioláveis a intimidade, a vida privada, a honra e a imagem das pessoas, assegurado o direito a indenização pelo dano material ou moral decorrente de sua violação".

A prática do ilícito ensejadora de dano moral individual encontra previsão no art. 186 do Código Civil, com o seguinte teor: Aquele que,

---

[210] STF, ADI 5.766, DJE de 03/05/2022.

por ação ou omissão voluntária, negligência ou imprudência, violar direito e causar dano a outrem, ainda que exclusivamente moral, comete ato ilícito.

O art. 187 do Código Civil considera também ilícito o exercício abusivo do direito, por extrapolar os limites impostos pelo seu fim econômico ou social, pela boa-fé ou pelos bons costumes.

O Código Civil vincula o ilícito à presença do elemento subjetivo, qual seja a ação ou omissão voluntária, negligente ou imprudente.

Referida exigência é abrandada no título que trata da responsabilidade civil. O art. 927 dispõe que:

> Aquele que, por ato ilícito (arts. 186 e 187), causar dano a outrem, fica obrigado a repará-lo.
>
> Parágrafo único. Haverá obrigação de reparar o dano, independentemente de culpa, nos casos especificados em lei, ou quando a atividade normalmente desenvolvida pelo autor do dano implicar, por sua natureza, risco para os direitos de outrem.

O Tribunal Superior do Trabalho tem aplicado a responsabilidade objetiva nas hipóteses de atividades de risco, como se verifica no trecho da ementa abaixo, de acórdão da SBDI1:

> Recurso de embargos regido pela Lei nº 11.496/2007. Indenização por dano moral. Acidente de trabalho. Lavoura de cana-de-açúcar. Meio ambiente de trabalho insalubre e penoso. Atividade de risco. Responsabilidade civil objetiva[211].

---

[211] E-ED-RR 49200-86.2007.5.09.0023, Rel. Min. Augusto César Leite de Carvalho, j. 03/10/2013, Subseção I Especializada em Dissídios Individuais, publ. 29/11/2013.

4.16.2 Dano moral coletivo

Em nosso ordenamento jurídico, o dano moral coletivo encontra previsão no art. 6º da Lei nº 8.078/1990, que estabelece entre os direitos básicos do consumidor, no inciso VI, *a efetiva prevenção e reparação de danos patrimoniais e morais, individuais, coletivos e difusos*.

Da mesma forma, no *caput* do art. 1º da Lei nº 7.347/1985, é estabelecido que se regem pelas disposições desta Lei, sem prejuízo da ação popular, as ações de responsabilidade por danos morais e patrimoniais causados (...).

Ressalte-se que a redação original do referido dispositivo não fazia menção a dano moral, tendo sido a Lei nº 8.884, de 11/06/1994, que incluiu a expressão "danos morais e patrimoniais".

Segundo Xisto Tiago de Medeiros Neto[212], os pressupostos básicos da moderna teoria da responsabilidade civil consistem em: "(a) a conduta do agente (comissiva ou omissiva) que denote antijuridicidade (ou seja, suficiência para causar, inclusive por força do risco assumido, uma lesão injusta a interesses alheios); (b) a existência de dano (material ou moral) e (c) o nexo causal entre ambos (conduta e dano)".

O dano compreende, segundo o autor, "qualquer lesão sofrida pelo ofendido (pessoa física, pessoa jurídica ou mesmo uma coletividade) em seu complexo de bens jurídicos, pertinente aos campos patrimonial e extrapatrimonial (ou moral)".

O dano moral individual resulta de ilícito que atinge pessoas determinadas e o dano moral coletivo afeta a toda uma coletividade. Como os indivíduos integram coletividades, o ilícito pode alcançar tanto o grupo como os indivíduos que o integram, de modo que os pleitos de

---

[212] MEDEIROS NETO, Xisto Tiago. *Dano moral coletivo*. 3. ed. São Paulo: LTr, 2007, p. 30 e 34.

dano moral individual e coletivo não se repelem, sendo perfeitamente possível sua cumulação, como será examinado adiante.

Conforme Gisele Santos Fernandes Góes:

> O dano moral é tradução de iniciativa de tutela aos direitos da personalidade, sendo que o de característica individual é para a reposição da dor psíquica e, pelo raciocínio simétrico, o de configuração coletiva é essencial e de dimensão transindividual, o qual tem como foco a restauração da crença na ordem jurídica e da segurança para a sociedade, num desempenho de papel, muito mais do que o meramente compensatório, como é o individual, mas crucialmente, preventivo-pedagógico, delineando-se, sob essa medida, a finalidade educadora[213].

Considerando o imperativo do estado democrático de direito no sentido de buscar a máxima efetividade dos direitos previstos na Constituição e nas leis, é natural que haja uma tendência de expansionismo nas modalidades de reparação dos danos provocados por atos que violam o ordenamento jurídico. Esse expansionismo se dá a partir da ampliação das hipóteses de responsabilidade, que, por um lado, vem afastando aspectos subjetivos, tanto na prática do ato quanto no exame dos efeitos do dano, para sua constatação, e, por outro, vem aceitando a reparação no plano coletivo.

Segundo Medeiros Neto[214]:

---

[213] "O pedido de dano moral coletivo na ação civil pública do Ministério Público". *Processo civil coletivo.* Coord. Rodrigo Mazzei e Rita Dias Nolasco. São Paulo: Quartier Latin, 2005, p. 475.

[214] MEDEIROS NETO, Xisto Tiago. *Dano* cit., p. 68/69, grifos do original.

> Afirma-se, destarte, que a evolução da teoria do dano moral ultrapassou a concepção limitada aos elementos subjetivos – traduzidos em geral na 'dor', no 'sofrimento' e na 'angústia' – para assimilar novos campos de percepção e incidência, vinculados a outras esferas da dignidade da pessoa humana independentes da fronteira do *sentimento*, e que se ligam também aos valores exteriorizados no meio social, os quais ensejam lesões, por exemplo à honra, ao bom nome, à consideração, ao prestígio e à credibilidade gozadas na comunidade, a traduzir, pois, a natureza objetiva do dano.
>
> Daí por que veio a se evidenciar, posteriormente, a premissa acertada de que a *pessoa jurídica*, mesmo não podendo, por imperativo lógico, experimentar sentimentos, sujeita-se, entretanto, a sofrer lesão em sua *honra objetiva*, assim considerada a área de interesse de sua titularidade, protegida juridicamente, que se exterioriza no direito ao nome, à imagem e à reputação, dentre outros.

No Superior Tribunal de Justiça, a Súmula 227 estabelece que "a pessoa jurídica pode sofrer dano moral".

O ilícito a ensejar a ocorrência de dano moral, que representa afronta à dignidade humana, pode ser aferido de maneira variada, de acordo com a amplitude da prática violadora. Uma conduta que enseja danos morais coletivos, por afrontar direitos e interesses da coletividade, não necessariamente resultaria em danos morais individuais, caso se restringisse à esfera dos particulares.

A tendência no Tribunal Superior do Trabalho é pela existência de dano moral coletivo quando a lesão extrapola o âmbito de pessoas determinadas para atingir uma coletividade. Eis abaixo algumas ementas nesse sentido:

Recurso de Revista. Dano moral coletivo. Terceirização ilícita cooperativa. A reclamada incorreu na prática de ato ilícito ao fomentar de forma generalizada a contratação irregular de trabalhadores, ao servir como mera intermediadora de mão de obra a inúmeras empresas, precarizando as relações de trabalho no segmento em que atuava e desvirtuando por completo sua finalidade social e o caráter de proteção que estaria inerentemente atrelado ao conceito do cooperativismo. E pela singela circunstância de a lesividade transcender o interesse dos cooperados atuais, mas alcançar, virtualmente, todos os possíveis candidatos à filiação e ao emprego no segmento econômico, fica configurado o dano moral coletivo. E também assim o é porquanto verificado que houve violação a preceitos constitucionais, bem assim a disposições encartadas na legislação trabalhista consolidada, em razão da atitude ilícita praticada pela ré de não cumprir as normas nacionais relacionadas à proteção do emprego e dos trabalhadores, tendo-se, por consequência, a violação dos princípios constitucionais da dignidade da pessoa humana e do valor social do trabalho. Recurso de revista conhecido e provido[215].

Dano moral coletivo. Indenização. A lesão à ordem jurídica comprovada nos autos extrapola interesses individuais para alcançar os trabalhadores em caráter amplo, genérico e massivo, o que autoriza a sua recomposição mediante a indenização em comento. Ademais, sua imposição tem caráter pedagógico, prevenindo a reincidência

---

[215] TST-RR 60541-35.2006.5.03.0016, 6ª Turma, Rel. Min. Augusto César Leite de Carvalho, DEJT de 05/08/2011.

> na conduta ilícita. Precedentes. Recurso de revista de que não se conhece[216].

Como bem pontua Marcelo Freire Sampaio Costa[217]:

> Os fenômenos da coletivização da responsabilidade civil, bem como a impossibilidade de 'aferição de culpa entre uma vasta categoria de pessoas', característica irrefragável de uma sociedade de massas, acaba por provocar a necessidade de se proteger também a projeção social da dignidade da pessoa humana, ora alcunhada de projeção coletiva ou social, 'relativa ao homem em suas relações ou inserido em uma unidade social'.

Em relação à configuração do dano moral, dispensa-se prova de sua efetividade, sendo suficiente a prova do ilícito. É o denominado dano *in re ipsa.*

A jurisprudência do Tribunal Superior do Trabalho bem se firmou nesse sentido, como se verifica nas ementas a seguir transcritas de acórdãos da SBDI1:

> –Recurso de embargos. Regência pela Lei nº 11.496/2007. Responsabilidade civil. Ato ilícito. Doença profissional. Dano moral. Prova do dano – Desnecessidade. No caso de dano moral, a doutrina e a jurisprudência têm entendido que é *damnum in re ipsa*, sendo suficiente, para fins de atribuição de responsabilidade, a demonstração do evento, da doença profissional e a fixação do nexo de causalidade.

[216] RR 142400-69.2003.5.01.0037. Rel. Min. Katia Magalhães Arruda, 6ª. Turma, DEJT 07/06/2013, j. 08/05/2013.

[217] *Dano Moral (extrapatrimonial) coletivo*. São Paulo: LTr, 2009, p. 34.

> A doença profissional leva a uma perda da capacidade produtiva e, com isso, ocasiona um enfraquecimento emocional daquele que sofre a enfermidade. A doença e a consequente incapacidade produtiva decorrente de ato ilícito comissivo ou omissivo do empregador, por si só, causam lesão ao princípio da dignidade humana encartado na Constituição Federal, em decorrência do constrangimento gerado ao empregado, que deve ser indenizado pelo dano moral sofrido. Recurso de embargos conhecido e desprovido[218].

A reparação do dano moral possui dupla finalidade, que é a de reparar a vítima do dano e punir o infrator, desestimulando novo ilícito. Nesse último aspecto, sobressai o caráter pedagógico da medida, que não se volta apenas a quem cometeu o ato ilícito, mas a potenciais infratores, irradiando efeitos bastante amplos, ao transmitir a mensagem de que práticas como as sancionadas serão objeto de indenizações.

A reparação pode ocorrer mediante obrigação de pagar a quantia fixada ou de realizar prestação alternativa, como promover campanhas, cursos, divulgar material, que tenha relação com o bem lesado.

A fixação do valor do dano moral coletivo é tarefa extremamente desafiadora, em razão da ausência de parâmetros seguros para a definição do montante. De qualquer forma, são sempre as circunstâncias do caso concreto que oferecerão as bases para a condenação, a partir da análise acerca da gravidade e da abrangência da lesão, sua repercussão na comunidade vitimada e no seu entorno, eventuais medidas adotadas que poderiam evitar o dano e a capacidade econômica do ofensor,

---

[218] E-ED-RR 23600-32.2006.5.15.0120, Rel. Min. Luiz Philippe Vieira de Mello Filho, j. 24/10/2013, Subseção I Especializada em Dissídios Individuais, publ. 30/10/2013.

bem como os ganhos que auferiu em decorrência do descumprimento do ordenamento jurídico.

Como noticia Medeiros Neto[219], o Superior Tribunal de Justiça adota o critério *bifásico,* consistente em duas etapas. A primeira se refere aos precedentes do tribunal sobre o mesmo ou mesmos bens lesados, estipulando um valor base. A etapa subsequente consiste na modulação desse valor de acordo com as circunstâncias do caso, como "a gravidade do fato em si; a extensão do dano; a intensidade do sofrimento da vítima; a culpabilidade do agente responsável; a condição econômica, social e política das partes envolvidas; a culpa concorrente da vítima, dentre outras", de modo que o valor básico será ajustado, para cima ou para baixo, conforme essas especificidades, chegando-se ao valor da condenação.

Embora a culpa possa ser importante no momento de fixação do valor da condenação em dano moral coletivo, a tese da responsabilização independentemente de culpa vem se ampliando na doutrina.

Mancuso[220] compartilha do mesmo entendimento:

> De fato, embora mesmo no campo dos interesses metaindividuais – como nas relações de consumo – reste algum espaço para a responsabilidade fundada em culpa (tanto a exclusiva do usuário, como a do profissional liberal – Lei 8.078/90, art. 14, § 3º, II, e § 4º), pode-se dizer que, em regra, esse regime jurídico não é bem adaptado à responsabilidade por danos causados a bens e interesses difusos e coletivos, onde a tônica é centrada na efetiva ***reparação do dano*** causado à sociedade ou à

---

[219] MEDEIROS NETO, Xisto Tiago. *Dano moral coletivo* cit., p. 98/99.

[220] MANCUSO, Rodolfo de Camargo. *Ação civil pública* cit., p. 325, grifo do original.

'categoria', do que na aferição de eventual culpabilidade na conduta do agente.

A possibilidade de tarifação prévia foi afastada pelo STF, conforme ementa a seguir transcrita:

> Indenização. Responsabilidade civil. Lei de Imprensa. Dano moral. Publicação de notícia inverídica, ofensiva à honra e à boa fama da vítima. Ato ilícito absoluto. Responsabilidade civil da empresa jornalística. Limitação da verba devida, nos termos do art. 52 da Lei nº 5.250/1967. Inadmissibilidade. Norma não recebida pelo ordenamento jurídico vigente. Interpretação do art. 5º, IV, V, IX, X, XIII e XIV, e art. 220, *caput* e § 1º, da CF de 1988. Recurso extraordinário improvido. Toda limitação, prévia e abstrata, ao valor de indenização por dano moral, objeto de juízo de equidade, é incompatível com o alcance da indenizabilidade irrestrita assegurada pela atual Constituição da República. Por isso, já não vige o disposto no art. 52 da Lei de Imprensa, o qual não foi recebido pelo ordenamento jurídico vigente[221].

A tarifação do dano extrapatrimonial trazido com a Lei nº 13.467/2017, de duvidosa constitucionalidade, não se aplica aos danos morais coletivos, uma vez que a matéria possui regulação própria no microssistema processual coletivo. Além disso, o dispositivo que estabelece os valores a serem pagos fazem menção à situação individual.

Os entes públicos podem ser responsáveis por pagamento de indenização por dano moral coletivo, aplicando-se a regra geral da

---

[221] RE 447584, DJ 16/03/2007.

responsabilidade do Estado, nos termos do art. 37, § 6º, da Constituição. A condenação de entes públicos em danos morais coletivos acaba levando em conta outros fatores que não são considerados na condenação de particulares. O conteúdo punitivo geralmente não é dirigido à autoridade que praticou o ilícito. Daí ser necessário tomar precauções para que a punição não se volte contra a própria sociedade vitimada. De qualquer forma, há muitas maneiras para que os recursos decorrentes da condenação de ente estatal em dano moral coletivo possam ser direcionados à recomposição do bem lesado, especialmente em setores considerados relevantes para populações, mas que são negligenciados.

A responsabilidade pelo pagamento de dano moral coletivo é solidária, como previsto no parágrafo único do art. 7º da Lei nº 8.078/1990.

4.16.3 Dano social e dumping social

A figura do dano social é uma formulação relativamente recente, que propõe reparação de danos provocados na sociedade de maneira mais ampla, em razão de lesões que afetam o seu nível de vida, provocando, segundo Tartuce, tanto o "rebaixamento de seu patrimônio moral – principalmente a respeito da segurança – quanto por diminuição na qualidade de vida" [222].

O conceito surge no âmbito do Direito Civil, considerando a nova principiologia que dá as bases do Código Civil brasileiro de 2002, rompendo com o caráter individualista do Código de 1916. Os indivíduos são considerados inseridos em seu contexto de vida e os

[222] TARTUCE SILVA, Flávio Murilo. "Reflexões sobre o dano social". Trata-se de estudo pioneiro do professor titular Antônio Junqueira de Azevedo da Faculdade de Direito da Universidade de São Paulo, do Departamento de Direito Civil. Disponível em: http://www.ambito-juridico.com.br/site/index.php?n_link=revista_artigos_leitura&artigo_id=3537. Acesso em: 10 jan. 2014.

institutos tradicionais do direito privado, como "a propriedade, o contrato, a posse, a família, a empresa e também a responsabilidade civil" são dotados de uma função social[223].

A função social da responsabilidade civil implica análise mais ampla do instituto levando em conta o entorno e o papel que ela pode desempenhar no meio social, principalmente para evitar lesões praticadas com intuito egoísta.

No âmbito trabalhista, Jorge Luiz Souto Maior vem defendendo essa nova modalidade de dano (social), que seria mais amplo que o dano moral coletivo. Segundo essa corrente, o desrespeito sistemático às normas do ordenamento jurídico e os ganhos obtidos por grandes empreendimentos à custa dos direitos dos trabalhadores acarretam grande prejuízo para toda a sociedade, além de elevados custos para suportar as frequentes agressões aos direitos sociais, como, por exemplo, pela previdência social. A cultura do descumprimento do ordenamento jurídico trabalhista não é combatida de maneira suficiente pelo Ministério Público do Trabalho e pelos sindicatos, com o auxílio da fiscalização trabalhista, e os empregados em geral só acionam os empregadores após o término da relação de trabalho, ainda assim, com grande receio de obter novo emprego.

A grande novidade e o diferenciador do dano social consistem na possibilidade de a condenação ser determinada pelo juiz, independentemente de pedido nesse sentido. Destaca Souto Maior:

> Portanto, nas reclamações trabalhistas em que tais condutas forem constatadas (agressões reincidentes ou ação deliberada, consciente e economicamente inescusável de não respeitar a ordem jurídica

[223] TARTUCE SILVA, cit.

> trabalhista), tais como: salários em atraso; pagamento de salários 'por fora'; trabalho em horas extras de forma habitual, sem anotação de cartão de ponto de forma fidedigna e o pagamento do adicional correspondente; não recolhimento de FGTS; não pagamento das verbas rescisórias; ausência de anotação da CTPS (muitas vezes com utilização fraudulenta de terceirização, cooperativas de trabalho, estagiários, temporários etc.); não concessão de férias; não concessão de intervalo para refeição e descanso; trabalho em condições insalubres ou perigosas, sem eliminação concreta dos riscos à saúde etc., deve-se proferir condenação que vise a reparação específica pertinente ao dano social perpetrado, fixada 'ex officio' pelo juiz da causa, pois a perspectiva não é a da mera proteção do patrimônio individual. Da mesma forma, a atitude deliberada, consciente e economicamente inescusável de se agredir a ordem jurídica, com utilização de tática. O fato concreto é que as agressões deliberadas aos Direitos Sociais, muitas vezes com avaliação de vantagem pelo próprio trabalhador, que aceita trabalhar sem registro, mediante forjada formalização de uma pessoa jurídica fantasma, para não recolher contribuição previdenciária e pagar menos imposto, ocorrem de forma cada vez mais crescente, gerando a lógica destrutiva de uma espécie de 'pacto antissocial'[224].

Nos debates ocorridos na 1ª Jornada de Direito Material e Processual da Justiça do Trabalho, organizada pela Anamatra, realizada nos dias 21 a 23 de novembro de 2007, no Tribunal Superior

---

[224] SOUTO MAIOR, Jorge Luiz. *O Dano Social e sua Reparação*. Disponível em: http://www.nucleotrabalhistacalvet.com.br/artigos/O%20Dano%20e%20sua%20Repara%C3%A7%C3%A3o%20-%20Jorge%20Luiz%20Souto%20Maior.pdf. Acesso em: 10 jan. 2014.

do Trabalho, em Brasília, foi aprovado o Enunciado nº 4, com o seguinte teor:

> Dumping social. Dano à sociedade. Indenização suplementar. As agressões reincidentes e inescusáveis aos direitos trabalhistas geram um dano à sociedade, pois com tal prática desconsidera-se, propositalmente, a estrutura do Estado social e do próprio modelo capitalista com a obtenção de vantagem indevida perante a concorrência. A prática, portanto, reflete o conhecido "dumping social", motivando a necessária reação do Judiciário trabalhista para corrigi-la. O dano à sociedade configura ato ilícito, por exercício abusivo do direito, já que extrapola limites econômicos e sociais, nos exatos termos dos arts. 186, 187 e 927 do Código Civil. Encontra-se no art. 404, parágrafo único do Código Civil, o fundamento de ordem positiva para impingir ao agressor contumaz uma indenização suplementar, como, aliás, já previam os artigos 652, "d", e 832, § 1º, da CLT.

Sobre a utilização do termo *dumping social*, esclarecem Jorge Luiz Souto Maior, Ranulio Mendes Moreira e Valdete Souto Severo[225]:

> É bem verdade que a expressão 'dumping social' foi utilizada, historicamente, para designar as práticas de concorrência desleal em nível internacional, verificadas a partir do rebaixamento do patamar de proteção social adotado em determinado país, comparando-se sua situação com a de outros países, baseando-se no parâmetro fixado pelas Declarações Internacionais de Direito. No entanto, não é, em absoluto, equivocado identificar por meio da mesma configuração a

---

[225] MOREIRA, Ranulio Mendes; SEVERO, Valdete Souto. *Dumping social nas relações de trabalho*. 2. ed. São Paulo: LTr, 2014, p. 10.

> adoção de práticas ilegais para obtenção de vantagem econômica no mercado interno.
>
> Ora, ao se desrespeitarem, de forma deliberada, reiterada e institucionalizada, os direitos trabalhistas que a Constituição garante ao trabalhador brasileiro, a empresa não apenas atinge a esfera patrimonial e pessoal daquele empregado, mas também compromete a própria ordem econômica, projetada na mesma Constituição. Atua em condições de desigualdade com as demais empresas do mesmo ramo, já que explora mão de obra sem arcar com o ônus daí decorrente, praticando concorrência desleal.

A proposta, apesar de ainda não estarem bem definidos os seus contornos, pode cumprir excepcional função social. De fato, o dia a dia das violações ao ordenamento jurídico trabalhista é acompanhado pelos magistrados. O raio de alcance das ações do Ministério Público do Trabalho e dos sindicatos não é bastante para punir todas as violações reiteradas e massivas por parte de muitos empregadores. O Juiz do Trabalho é de fato o ator mais indicado para identificar as lesões e aplicar punições, passando a exercer maior controle sobre as práticas danosas a toda a sociedade.

No Tribunal Superior do Trabalho, verifica-se uma resistência inicial em acatar o dano social ou por *dumping social*, especialmente no que se refere à condenação sem que haja pedido nesse sentido, como se verifica no trecho da ementa abaixo:

> 2. Julgamento extra petita - Indenização - Dumping social. Ao contrário dos fundamentos do Tribunal Regional, não há previsão legal que autorize a aplicação da indenização sem que haja pedido certo e determinado nesse sentido, inclusive com o valor, nos termos dos arts. 128 e 460

> do CPC e 852-B da CLT. Ademais, a condenação do Tribunal Regional teve por escopo aplicar sanção aos reclamados pelo fundamento de coibir a prática de dano coletivo – dumping social, enquanto a ação tem por objeto o recebimento de parcelas trabalhistas individuais. Por fim, o valor arbitrado pelo Tribunal Regional foge ao âmbito do procedimento sumaríssimo, no qual o limite é de quarenta vezes o salário-mínimo vigente na data do ajuizamento da ação, conforme o art. 852-A da CLT. Recurso de revista conhecido e provido[226].

Observa-se, portanto, que o tema começa a ganhar espaços na doutrina e na jurisprudência, com a sinalização de que o debate se intensificará.

4.17 Destinação das Indenizações e Multas na ACP trabalhista

O art. 13 da Lei nº 7.347/1985 prevê a destinação da indenização resultante de condenação por violação a interesses difusos e coletivos a um fundo gerido por um Conselho Federal ou por Conselhos Estaduais, com necessária participação do Ministério Público e representantes da comunidade, cujos recursos serão voltados para a reconstituição dos bens lesados. O § 1ª. prevê que na pendência de regulamentação do fundo, o dinheiro ficará depositado em estabelecimento oficial de crédito, em conta com correção monetária.

O Fundo federal foi inicialmente regulamentado pelo Decreto nº 1.306, de 09/11/1994, prevendo o seu conselho gestor, bem como

---

[226] RR 1646-67.2010.5.18.0002, Rel. Desembargadora Convocada Maria das Graças Silvany Dourado Laranjeira, j. 10/04/2013, 2ª Turma, publ. 19/04/2013.

seus integrantes, com a presença de membro do Ministério Público Federal, e os recursos do fundo.

Entre as competências do Conselho Gestor, destacam-se a de examinar e aprovar projetos de reconstituição de bens lesados, inclusive os de caráter científico e de pesquisa; promover, por meio de órgãos da administração pública e de entidades civis interessadas, eventos educativos ou científicos; fazer editar, inclusive em colaboração com órgãos oficiais, material informativo sobre os interesses coletivos e difusos tutelados pela Lei nº 7.347/1985; promover atividades e eventos que contribuam para a difusão da cultura, da proteção ao meio ambiente, do consumidor, da livre concorrência, do patrimônio histórico, artístico, estético, turístico, paisagístico e de outros interesses difusos e coletivos; examinar e aprovar os projetos de modernização administrativa dos órgãos públicos responsáveis pela execução das políticas relativas às áreas a que se refere a Lei nº 7.347/1985.

Posteriormente, veio a Lei nº 9.008, de 21/03/1995, que criou, na estrutura do Ministério da Justiça, o Conselho Federal Gestor do Fundo de Defesa de Direitos Difusos (CFDD), referido no art. 13 da Lei nº 7.347/1985. Basicamente, foram incorporadas as disposições do decreto.

Nos moldes do fundo federal, cada Estado fica responsável pela criação do fundo estadual e do conselho gestor.

No âmbito trabalhista, não há fundo específico, correspondente ao disposto no art. 13 da Lei nº 7.347/1985.

As indenizações e multas decorrentes de ações civis públicas na Justiça do Trabalho, em geral, são destinadas ao Fundo de Amparo ao Trabalhador (FAT).

De fato, a destinação ao FAT, em seu momento, foi a solução encontrada, diante da inadequação do fundo previsto na Lei nº

7.347/1985 e da inexistência de fundo próprio para recompor danos decorrentes da violação de interesses e direitos coletivos e difusos na área trabalhista.

Passado algum tempo, porém, constata-se que a destinação ao FAT é inadequada. O FAT efetivamente possui papel de extrema relevância no mundo do trabalho, mas financia também o desenvolvimento econômico, por meio do BNDES, com recursos de grande monta direcionados a empreendimentos, sem que haja, para a concessão de financiamentos, qualquer verificação acerca de histórico de descumprimento do ordenamento jurídico trabalhista ou mecanismos de controle para exigir o seu cumprimento.

Há estudos que apontam que a destinação de boa parte dos recursos do FAT gera risco de privatização desse fundo público e agravamento do desemprego no país. Por um lado, há concessão de recursos financeiros a empresas de grande porte, que se empenham em políticas de modernização tecnológica e de gestão, com a consequente redução do número de trabalhadores. Por outro, recursos do FAT são canalizados para empreendimentos vinculados ao capital especulativo e não ao investimento produtivo[227].

De qualquer forma, a destinação para o FAT não correspondente aos ditames da Lei nº 7.347/1985, pois os recursos ali depositados não possuem relação direta com os direitos e interesses coletivos e difusos violados. Além disso, não possui representante do Ministério Público do Trabalho em seu Conselho Gestor.

---

[227] CÊA, Georgia Sobreira dos Santos. "Faces da privatização do fundo público no Brasil: uma análise da utilização dos recursos do FAT pelo BNDES". Disponível em: http://cac-php.unioeste.br/projetos/gpps/midia/seminario2/trabalhos/economia/meco18.pdf.. Acesso em:

Medeiros Neto[228] admite a possibilidade de redirecionamento da parcela quando houver pedido alternativo na ação civil pública para destinar o valor da condenação diretamente à comunidade para ser utilizado em ações relacionadas com os interesses e direitos violados ou por conciliação celebrada no processo. Segundo o autor, os recursos podem ser dirigidos a campanhas educativas ou cursos, execução de obras ou projetos sociais e comunitários, aquisição de bens e serviços em benefício da comunidade.

Marina Silva Tramonte, Reginaldo Melhado e Heiler Ivens de Souza Natali[229] entendem que o MPT não está vinculado ao encaminhamento de recursos, fruto de TACs e ACPs, ao FAT, podendo atuar como agente de transformações sociais e direcionar esses recursos para a promoção de políticas públicas voltadas para a garantia da dignidade dos trabalhadores.

Rodrigo de Lacerda Carelli[230] é igualmente crítico da destinação dos resultados de indenizações e multas ao FAT, optando por modo mais efetivo de recomposição da ordem jurídica, relatando algumas experiências nesse sentido.

O TST possui decisões no sentido de que a indenização por dano moral pode ter destinação distinta do FAT[231].

Essas dificuldades em relação à destinação dos recursos na ação civil pública trabalhista recomendam à aprovação de legislação,

---

[228] MEDEIROS NETO, *Dano moral coletivo* cit., p. 217/219.

[229] Inadequação da destinação de recursos obtidos pelo MPT ao Fundo de Amparo ao Trabalhador e sua utilização em ações de política pública social. *Revista de Direito Público*, Londrina, v. 7, nº 1, p. 149/164, jan./abr. 2012.

[230] CARELLI, Rodrigo de Lacerda. Transação na Ação Civil Pública e na execução do Termo de Compromisso de Ajustamento de Conduta e a reconstituição dos bens lesados. *Revista do Ministério Público do Trabalho*, v. 17, nº 33, mar, 2007, p. 122/129.

[231] TST-RR 129300-78.2005.5.10.0020j. 11/10/2011, DEJT 21/10/2011.

nos moldes já existentes para o Fundo de Direitos Difusos Federal, prevendo um conselho gestor do qual participe membro do Ministério Público do Trabalho, podendo integrá-lo representantes do Ministério do Trabalho e Emprego e da sociedade civil, como entidades sindicais de trabalhadores e de empregadores. Há, inclusive, espaços para o CNMP regulamentar a matéria.

4.18 Coisa Julgada na ACP trabalhista

4.18.1 Considerações gerais

A coisa julgada é definida pelo art. 502 do Código de Processo Civil, da seguinte maneira: Denomina-se coisa julgada material a autoridade que torna imutável e indiscutível a decisão de mérito não mais sujeita a recurso.

A coisa julgada no processo individual dota a decisão judicial de força de lei nos limites da questão principal expressamente decidida e entre as partes, sem prejudicar terceiros. É o que dispõem os arts. 503 e 506 do Código de Processo Civil.

No processo coletivo, a coisa julgada é um dos principais pontos que marca a diferença com o processo individual.

A matéria está disciplinada no art. 16 da Lei nº 7.347/1985 com a seguinte redação:

> Art. 16. A sentença civil fará coisa julgada erga omnes, exceto se a ação for julgada improcedente por deficiência de provas, hipótese em que qualquer legitimado poderá intentar outra ação com idêntico fundamento, valendo-se de nova prova. (após decisão do STF que considerou inconstitucional a redação dada pela Lei nº 9.494/1997)

A Lei nº 8.078/1990, no art. 103, especifica a coisa julgada, conforme os interesses e direitos tutelados pela decisão.

Em síntese, a coisa julgada é *erga omnes* na hipótese de decisão em matéria de interesses e direitos difusos e individuais homogêneos e *ultra partes*, de direitos coletivos no sentido estrito.

Isso significa que na ação civil pública a imutabilidade da sentença necessariamente alcança quem não foi parte no processo.

A posição da Lei nº 8.078/1990 é relevante ao estabelecer garantias às posições individuais, não deixando dúvidas de que a ação civil pública não acarreta qualquer prejuízo aos interesses e direitos individuais. Ao contrário, as decisões proferidas podem repercutir favoravelmente na situação dos indivíduos que foram vitimados pela violação ao ordenamento jurídico. A preservação das situações individuais elimina possíveis ataques contra a tutela coletiva, caso se apresentasse como instrumento de coletivização dos interesses que sacrifica situações individualizadas.

A extensão às situações individuais apenas na hipótese de procedência dos pedidos da ação civil pública cria modalidade de coisa julgada bastante específica *secundum eventum litis*. Nessa hipótese, os efeitos se irradiam *in utilibus* para as situações individuais.

Em relação aos demais legitimados para a ação civil pública incide a coisa julgada, salvo hipótese de improcedência por insuficiência de provas. Também incide a coisa julgada em relação aos indivíduos que participaram como litisconsortes em ação ajuizada para a defesa de interesses e direitos individuais homogêneos.

A ausência de coisa julgada na hipótese de improcedência por insuficiência de provas elimina possíveis receios de que algum dos legitimados possa ajuizar ações mal instruídas, no intuito exclusivo de impedir que outro legitimado as promova de forma adequada.

Diante dessa nova lógica pautada na amplitude da tutela, é de se indagar se uma das vítimas da violação a interesses e direitos coletivos ingressa com ação individual em momento anterior ao ajuizamento da ação civil pública e o seu pleito não é acolhido. Posteriormente, os pedidos da ação civil pública são julgados procedentes, beneficiando as possíveis vítimas pelas violações ao ordenamento jurídico. Em princípio, poder-se-ia cogitar de adotar a solução tradicional prevista no CPC, no sentido da imutabilidade da decisão na ação individual. Porém, não há razão em desprezar a sistemática da Lei nº 8.078/1990.

Vale citar a posição de Mazzilli[232], no sentido da mitigação da coisa julgada:

> Suponhamos seja julgado procedente o pedido feito em ação civil pública ou coletiva, com efeitos *erga omnes*, e, ao mesmo tempo, seja julgado improcedente o pedido formulado em ação individual, com a mesma causa de pedir. Assim, por exemplo, é possível que, na ação de índole coletiva, a coisa julgada tenha reconhecido um direito extensivo a todos os servidores públicos, enquanto, ao mesmo tempo, em ação individual, o servidor *X* viu formar-se a coisa julgada a negar-lhe esse mesmo direito. Em nosso entendimento, mesmo esse servidor *X* deve ser beneficiado pela coisa julgada coletiva. Não teria sentido que o Estado fosse obrigado a pagar um benefício a todos os seus funcionários, ***menos a um único que o acionou individualmente, sem êxito.*** Além da negação ao princípio isonômico, seria a existência de coisas julgadas contraditórias, uma, aliás, de maior abrangência que a outra. Essa proposta, entretanto, se é mais equitativa, colide frontalmente com a solução do legislador (CDC, art. 104), que supõe

[232] "Notas sobre a mitigação da coisa julgada no processo coletivo". *Processo civil coletivo* cit., p. 329/340.

que a coisa julgada coletiva só beneficie o lesado se este previamente tiver requerido a suspensão de sua ação individual.

O pedido de suspensão da ação individual é, de fato, a providência prevista na legislação para assegurar o benefício caso a ação civil pública seja julgada procedente. É a alternativa mais adequada para a vítima resguardar o seu direito, uma vez que a ausência de pedido de suspensão da ação individual, em caso de decisão desfavorável nesta, pode efetivamente prejudicá-la. Ocorre que o descompasso entre ação individual e coletiva pode se dar por diversos fatores, como ausência de conhecimento do ajuizamento da ação coletiva no curso da ação individual, o que afastaria o pedido de suspensão. Se o autor da ação individual não teve a faculdade de valer-se da suspensão, ainda que a decisão na ação por ele ajuizada lhe seja desfavorável, a sistemática da coisa julgada na ação coletiva, em princípio, o beneficia.

Não há razão para punir quem busca acesso à justiça, especialmente aqueles que reagem prontamente às violações perpetradas.

O objetivo da tutela coletiva é solucionar o problema na sua totalidade, punir o infrator de forma efetiva e reparar todos os danos provocados em razão das violações cometidas. Segmentar as vítimas rompe com essa lógica, além de comprometer o tratamento isonômico. A plenitude e adequação da tutela coletiva constituem razões fortes para abrandar ou mesmo afastar os efeitos de determinados institutos do direito processual tradicional, que não se mostram compatíveis com os seus princípios.

4.18.2 Improcedência dos pedidos por insuficiência de prova

Tanto o art. 16 da Lei nº 7.347/1985 quanto o art. 103 da Lei nº 8.078/1990 ressalvam a coisa julgada da decisão em matéria de interesses e direitos difusos e coletivos, na hipótese de pedido julgado improcedente por insuficiência de provas, caso em que nova ação poderá ser ajuizada por qualquer legitimado, mediante nova prova.

Trata-se de hipótese em que, mesmo a decisão ingressando no mérito, não opera a coisa julgada.

Para que nova ação civil pública, nessa situação, seja admitida, é necessário incorporar novos elementos probatórios à situação fática, não sendo possível pretender novo reenquadramento jurídico dos mesmos fatos, conforme prova existente nos autos anteriores. Porém, a nova prova não se restringe aos fatos que não foram considerados provados, sendo possível carrear novos elementos fáticos que reforçam a tese de que a conduta é desconforme com o ordenamento jurídico.

Além disso, é totalmente irrelevante a indicação expressa de que a improcedência decorreu de insuficiência de provas. Nesse sentido afirma Leal[233] que não "se verifica a necessidade de a sentença que julgar improcedente a primeira ação ter de mencionar o fundamento na insuficiência de prova, bastando a nova ação demonstrar que está baseando-se em outras provas".

Em contexto de carga dinâmica e não estática da prova, há presunção favorável aos direitos tutelados, especialmente de caráter indisponível, o que exige a movimentação do demandado, uma vez que sua inércia não lhe pode favorecer.

4.18.3 Limitação dos efeitos da coisa julgada à competência territorial do órgão prolator da decisão. Inconstitucionalidade

O Supremo Tribunal Federal chegou a analisar, em sede de liminar, a Medida Provisória 1.570/1997 que foi convertida na Lei nº

---

233 LEAL, Marcio Mafra. Op. cit., p. 206.

9.494/1997, deixando de suspender o art. 3º da medida provisória que alterou o art. 16 da Lei nº 7.347/1985, para limitar a abrangência da decisão ao âmbito da competência territorial de seu órgão prolator.

Rodolfo de Camargo Mancuso[234] entende que não se trata de questão constitucional, mas processual. Diz ele:

> A rigor, a questão jurídica que se coloca nem configuraria, propriamente, uma querela ***constitucional***, visto não estar em discussão o instituto de coisa julgada em si, que a Constituição Federal refere (mas não define) dentre os direitos e garantias individuais – art. 5º, XXXVI –, e sim o problema de seus limites objetivos e subjetivos, temas concernentes ao direito processual, sobre o qual legisla, privativamente, a União (CF, art. 22, I). O que então resta palpável é a análise da citada alteração legislativa, sob o ponto de vista da opção técnica empregada e, paralelamente, quanto a saber de sua aptidão para alcançar os efeitos pretendidos.

A alteração do art. 16 da Lei nº 7.347/1985, promovida pela Lei nº 9.494/1997, provocou enorme reação por parte da doutrina, com repercussão na jurisprudência do Tribunal Superior do Trabalho e do Superior Tribunal de Justiça[235]. A limitação da abrangência de acordo com a competência foi classificada de alteração inócua.

O Supremo Tribunal Federal, no RE 1101937[236], tema de Repercussão Geral 1075, decidiu pela inconstitucionalidade do art.

---

[234] MANCUSO. *Ação civil pública* cit., p. 296, grifo do original.

[235] Conforme decisões no TST RR 3022-84.2010.5.04.0000, DJ 02/10/2012, e STJ no REsp 1.243.887, DJ de 12/12/2011.

[236] STF. Recurso Extraordinário nº 1101937. Tema de Repercussão Geral nº 1.075. Rel. Min. Alexandre de Moraes, DJe 1406.2021. Disponível em: www.stf.jus.br. Acesso em: 17 ago. 2021.

16 da Lei nº 7.347, de 24 de julho de 1985, introduzido pela Lei nº 9.494, de 10 de setembro de 1997, que resultou da conversão da Medida Provisória nº 1.570-5/1997.

A tese recebeu a seguinte redação:

> I - É inconstitucional a redação do art. 16 da Lei 7.347/1985, alterada pela Lei 9.494/1997, sendo repristinada sua redação original. II - Em se tratando de ação civil pública de efeitos nacionais ou regionais, a competência deve observar o art. 93, II, da Lei 8.078/1990 (Código de Defesa do Consumidor). III - Ajuizadas múltiplas ações civis públicas de âmbito nacional ou regional e fixada a competência nos termos do item II, firma-se a prevenção do juízo que primeiro conheceu de uma delas, para o julgamento de todas as demandas conexas.

Para as demais considerações sobre o tema, como posição doutrinária e análise jurisprudencial, remete-se ao tópico da "competência".

4.19 Liquidação e Execução na ACP trabalhista

4.19.1 Considerações gerais

A disciplina alusiva à liquidação e execução encontra-se predominantemente na Lei nº 8.078/1990, mais dirigida à ação para a defesa de direitos individuais homogêneos. Os dispositivos, em síntese, preveem a publicação de edital, para fins de intervenção dos interessados como litisconsortes (art. 94), em caso de procedência do pedido, a condenação genérica fixando a responsabilidade do réu pelos danos causados (art. 95), a possibilidade de a liquidação e a execução de sentença serem promovidas pela vítima e seus sucessores ou pelos legitimados para a ação civil pública (art. 82). A execução coletiva abrangendo as vítimas cujas indenizações já tiveram sido fixadas em sentença de liquidação, sem prejuízo do ajuizamento de outras execuções, com base em certidão das sentenças de liquidação, da qual deverá constar a ocorrência ou não do trânsito em julgado (art. 98 e § 1º); a competência do juízo para execução individual da liquidação da sentença ou da ação condenatória, e neste último, quando coletiva a execução (art. 98, § 2º); a preferência de pagamento das indenizações individuais, no caso de concurso de créditos com indenizações coletivas, sustando-se a destinação para o fundo enquanto pendentes as ações de indenização por danos individuais, salvo na hipótese de o patrimônio do devedor ser suficiente para saldar as dívidas na integralidade (art. 99); e, por fim, a liquidação e execução coletiva após um ano sem habilitação dos interessados em número compatível com a gravidade do dano, revertendo-se a indenização para o fundo (art. 100).

Dos dispositivos citados, devidamente inseridos no sistema de tutela coletiva, extraem-se alguns princípios que orientam a sua efetivação, no momento culminante, que é recomposição dos bens lesados, em razão da violação a direitos difusos, coletivos e individuais homogêneos. Neste aspecto, o sistema de tutela coletivo positivado em nosso ordenamento jurídico reforça a dimensão coletiva de restituição à coletividade do bem lesado, além da reparação coletiva material e moral, e ao mesmo tempo prestigia a reparação individualizada dos danos provocados às vítimas. Não se optou por coletivização extrema, a ponto de sacrificar direitos individuais, tampouco por individualização capaz de debilitar a resolução do problema na sua integralidade.

Além disso, o sistema propicia ampla participação de legitimados e interessados, razão pela qual a publicidade adquire significativa importância na tutela coletiva. Essa ampla participação, por outro lado, não corresponde a uma intervenção caótica de atores a ponto de inviabilizar a tutela. Por isso, a posição aqui adotada de que o art. 94 da Lei nº 8.078/1990, que prevê a publicação de edital para que os interessados possam intervir no processo, aplica-se à ação civil pública para a defesa de interesses individuais homogêneos. Na ação civil pública para a defesa de interesses difusos e coletivos não há legitimidade das vítimas para participarem da relação processual como litisconsortes, de modo que sua presença poderia prejudicar o andamento célere do processo. Esse mesmo entendimento deve ser aplicado quando se ajuíza a ação, cumulando-se pedidos relativos a interesses e direitos difusos ou coletivos ou ambos e individuais homogêneos. Ainda que se possa vislumbrar interesse jurídico das vítimas, em relação ao pedido condenatório de reparação individualizada, a dimensão difusa e coletiva poderia ficar severamente comprometida. O interesse individual, neste aspecto, não pode se sobrepor aos interesses difusos e coletivos. Essa é a melhor solução, considerando que não haverá qualquer prejuízo para os indivíduos afetados pelo ilícito: em caso de improcedência não serão prejudicados e de procedência, poderão exercer, na fase de liquidação e execução, todas as faculdades inerentes à defesa de seus direitos.

Mas a publicidade não se restringe ao início da ação para a defesa de interesses e direitos individuais homogêneos. Deverá ocorrer também por ocasião do trânsito em julgado. O art. 96 da Lei nº 8.078/1990 assim previa, porém foi vetado em razão de erro material na referência ao art. 93, quando na verdade seria o art. 94 [237].

---

[237] CARVALHO JUNIOR, Pedro Lino. *Liquidação e execução na ação coletiva trabalhista*. São Paulo: LTr, 2012, p. 42.

Em razão do equívoco, recomenda-se seja observado o dispositivo vetado, ainda que sem sua incorporação formal ao texto da lei.

Só é possível observar o prazo de um ano previsto no art. 100 da Lei nº 8.078/1990 se houver ampla publicidade do trânsito em julgado de decisão de condenação genérica.

Nesse caso, a publicação deve ocorrer tanto nas decisões em ações para a defesa de direitos individuais homogêneos quanto direitos difusos e coletivos. A publicidade, no caso, deve ser ampla, com divulgação aos meios de comunicação de acesso ao público em geral e aos sindicatos.

Com as alterações promovidas pela Lei nº 11.232/2005 ao Código de Processo Civil anterior, consagrando o sincretismo processual, a liquidação de sentença deixou de ser processo autônomo, passando a integrar, ou podendo integrar, a mesma relação processual, sucedendo a fase de conhecimento e antecedendo a fase de execução. Tanto é que o art. 475-A, § 1º, do Código de Processo Civil anterior não cogitava de citação do réu, mas intimação por advogado. A liquidação no processo coletivo é mais ampla, considerando a generalidade da condenação. Ela se ocupa, além da determinação do montante, da constatação do dano individual e o nexo causal com os interesses coletivos. Pode realizar-se na mesma relação processual ou em relação distinta. Importa o procedimento que melhor propicie a satisfação do direito vindicado.

A liquidação pode dar-se por arbitramento ou por artigos. O parágrafo único do art. 97 previa a liquidação por artigos. O dispositivo foi vetado, o que não impede sua aplicação na liquidação de processo coletivo. Ao contrário, é a modalidade preferível.

Como entende Daniel Amorim Assumpção Neves:

É até possível defender, diante das razões do veto, que, mesmo diante do veto presidencial ao art. 97, parágrafo único, do CDC, a regra referente à espécie de liquidação e de competência, e as razões do veto limitaram-se às críticas quanto à parte da regra que tratava da competência, não havendo qualquer menção à expressa previsão de forma de artigos como a única adequada à liquidação de sentença fundada em direito individual homogêneo[238].

4.19.2 *Cumprimento das obrigações de fazer e não fazer*

Anteriormente, entendia-se que as condenações de obrigações de fazer e não fazer não comportam execução provisória. A rigor não se trata sequer de execução, mas cumprimento de provimento mandamental.

Sobre o descumprimento das obrigações de fazer e não fazer, Carvalho Junior[239] tece os seguintes comentários:

> havendo decisão favorável em ação coletiva, que albergue pretensões referentes às obrigações de fazer e não fazer, se houver recurso da parte ré sem que o juízo lhe atribua efeito suspensivo, cabe à parte autora noticiar o descumprimento da sentença (ou acórdão), ocasionalmente aparelhando o requerimento com eventuais provas da desobediência ao comando decisório, cuja verificação, em todo caso, pode ser efetuada por Oficial de Justiça.

Neves[240], ao tratar da execução no processo coletivo em geral, observa:

---

[238] NEVES, Daniel Amorim Assumpção. Op. cit., p. 339.

[239] CARVALHO JUNIOR, Pedro Lino. Op. cit., p. 48.

[240] NEVES, Daniel Amorim Assumpção. Op. cit., p. 344/345, grifo do original.

Na execução por ***sub-rogação,*** o Estado vence a resistência do executado, substituindo sua vontade, com a consequente satisfação do direito do exequente. Mesmo que o executado não concorde com tal satisfação, o juiz terá à sua disposição determinados atos materiais que, ao substituir a vontade do executado, geram a satisfação do direto. Exemplos classicamente lembrados são a penhora/expropriação; depósito/entrega da coisa; atos materiais que são praticados independentemente da concordância ou resistência do executado. E todos esses meios executivos por sub-rogação são aplicáveis na execução coletiva...

Na execução indireta, o Estado não substitui a vontade do executado; pelo contrário, atua de forma a convencê-lo a cumprir sua obrigação, com o que será satisfeito o direito do exequente. O juiz atuará de modo a pressionar psicologicamente o executado para que ele modifique sua vontade originária de ver frustrada a satisfação do direito do exequente. Sempre que a ***pressão psicológica*** funciona, é o próprio executado o responsável pela satisfação do direito; a satisfação será voluntária, decorrente da vontade da parte, mas obviamente não será espontânea, considerando-se que só ocorreu porque foi exercida pelo juiz uma pressão psicológica sobre o devedor.

Existem duas formas de execução indireta. A primeira consubstancia-se na ameaça de piorar a situação da parte caso não cumpra a obrigação, como ocorre com as ***astreintes,*** multa aplicável diante do descumprimento das obrigações de fazer, não fazer e entregar coisa, ou ainda com a prisão civil na hipótese do devedor inescusável de alimentos. A segunda forma de execução indireta consubstancia-se na oferta de uma melhora da situação da parte caso ela cumpra sua obrigação, como ocorre no art. 652-A, parágrafo único, do CPC, que prevê um desconto de 50% no valor dos honorários advocatícios no caso de pagamento do valor exequendo no prazo de três dias da citação.

Como já visto, a jurisprudência vem superando o entendimento de que não cabe cumprimento de obrigação de fazer de forma antecipada. Essa restrição já não subsiste, considerando o disposto no art. 520, § 5º, do Código de Processo Civil.

4.19.3 Os legitimados para a ação civil pública e a liquidação e execução da condenação de reparação individualizada que beneficia as vítimas

A lei prevê expressamente a possibilidade de a liquidação e execução serem promovidas pelos legitimados para a ação civil pública. Nesse caso, eles preservam sua condição de substituto processual, em razão da já mencionada jurisprudência do Supremo Tribunal Federal[241].

Por se tratar de típica hipótese de substituição processual, é desnecessária qualquer autorização dos substituídos.

A legitimidade do Ministério Público para, por meio de ação civil pública, defender interesses e direitos individuais homogêneos está pacificada na jurisprudência dos tribunais. Tal legitimidade é ampla, não se restringindo à fase de conhecimento, mas também alcançando a liquidação e execução.

---

[241] Entre outros, cite-se o RE 214.668, DJ 24/08/2007, com a seguinte ementa:
Processo civil. Art. 8º, III da Constituição Federal. Legitimidade. Substituição processual. Defesa de direitos e interesses coletivos ou individuais. Recurso conhecido e provido.
O artigo 8º, III da Constituição Federal estabelece a legitimidade extraordinária dos sindicatos para defender em juízo os direitos e interesses coletivos ou individuais dos integrantes da categoria que representam.

O que pode ocorrer é o Ministério Público optar por não conduzir essa etapa do processo, por vislumbrar que há outros atores em condições de fazê-lo, como os sindicatos, inclusive de forma mais adequada e satisfatória, pela proximidade com as vítimas.

Como ressalta Carvalho Junior[242]:

> No caso dos sindicatos, já que em regra atuam tão somente em defesa da categoria que representam, é preferível que optem, desde já, pela liquidação e execução dos créditos deferidos aos trabalhadores, promovendo-as independentemente de autorização expressa destes, nos termos do art. 8º, III, da Constituição Federal, mesmo porque devidamente vocacionados a fazê-lo, especialmente pela facilidade que terão em identificar os beneficiários e elaborar as planilhas de cálculos, imprescindíveis à exata quantificação dos valores devidos. De referência ao Ministério Público do Trabalho, 'a situação é um pouco diversa, já que, por vezes, afora demandas em favor de trabalhadores não organizados em categorias'. Realmente, muitos dos seus tutelados são aqueles que estão privados de qualquer ***representante específico:*** trabalhadores informais, falsos cooperados, falsos autônomos, falsos estagiários, vítimas de discriminação na fase de seleção ao emprego, dentre outros, ou seja, trabalhadores que não são reconhecidos como tais por seus empregadores ou cuja identificação não é precisa, pelo que haverá empecilhos insuperáveis em várias ocasiões para o órgão ministerial promover, nos termos do art. 97 do CDC, a liquidação e a execução da sentença condenatória genérica diretamente em favor desses trabalhadores.

---

242 CARVALHO JUNIOR. Op. cit., p. 62, grifo do original.

A necessidade de parcerias entre o Ministério Público do Trabalho e os sindicatos é a proposta de Carvalho Junior[243]:

> Quando se tratar de categoria profissional, cujos interesses sejam tutelados por ação coletiva proposta pelo Ministério Público laboral, nada impede a atuação em conjunto com o sindicato respectivo, sob a modalidade de litisconsórcio, conforme previsto no § 2º do art. 5º da Lei n. 7.347/1985, qual seja litisconsórcio ativo facultativo e unitário, que pode ocorrer ***ab initio,*** desde a propositura da demanda, ou em momento posterior, quando um colegitimado ingressa em ação inicialmente proposta por outro.

No sistema de tutela coletiva, não há espaços vazios de atuação que resulte num possível desamparo das situações individualizadas e que transfira às vítimas a incumbência exclusiva de perseguir a reparação pelos danos sofridos.

Segmento doutrinário defende que a liquidação e a execução da condenação em interesses individuais homogêneos, de caráter reparatório individual, devem ser promovidas pela vítima e seus sucessores, sendo a atuação dos legitimados coletivos subsidiária[244]. Porém, no âmbito trabalhista, ela é concorrente, evitando-se a exposição dos trabalhadores e considerando a condição de substituto processual do sindicato, inclusive na fase de liquidação e execução.

Tratando-se de interesses coletivos e difusos, na ação civil pública ajuizada por associação, transitada em julgado a decisão, se ela não promover a execução no prazo de sessenta dias, deverá fazê-lo o

---

[243] CARVALHO JÚNIOR, cit.

[244] Nesse sentido, MAZZILLI. *A defesa* cit., p. 468.

Ministério Público ou os demais legitimados. É o que determina o art. 15 da Lei nº 7.347/1985. Embora haja expressa referência à associação legitimada, não há razão para não observar a mesma solução quando a ação for ajuizada por outro legitimado. Tal dispositivo se aplica no caso da execução pelos legitimados coletivos de decisão referente a direitos coletivos e difusos. As execuções individuais ali não se enquadram. Evidentemente, a execução individual não fica afastada na hipótese do transporte *in utilibus* da coisa julgada na ação civil pública.

4.19.4 Resíduo não executado individualmente

O art. 100 da Lei nº 8.078/1990 prevê o denominado *fluid recovery*, que se refere ao resíduo não executado individualmente. Essa solução é relevante especialmente nas condenações que envolvem múltiplos beneficiários, porém o valor a que cada um faz jus é significativamente reduzido, de modo que, ainda que haja um pequeno número de vítimas interessadas na execução de sua parcela, preserva-se o caráter sancionatório e reparatório, mediante a execução coletiva.

Questiona-se qual a natureza do prazo de um ano previsto para se promover a execução destinada ao Fundo.

Marcelo Abelha Rodrigues, sobre o tema, tece as seguintes considerações:

> Certamente não se trata de prazo decadencial nem para a propositura da demanda liquidatória fixadora do *quantum* individualmente sofrido, e menos ainda para perder o 'direito' reconhecido pela mesma sentença condenatória genérica. O que se tem neste caso é típica condição ou termo para existência e tutela de um 'interesse difuso'. Isso mesmo, pois a ultrapassagem do prazo de um ano servirá para que, *havendo*

> *condenação genérica de pagar quantia*, e desde que *o número de liquidações individuais não seja compatível com a gravidade do dano*, qualquer legitimado poderá propor a ação de reparação fluida, cujo produto será destinado ao fundo para a defesa dos interesses difusos, nos termos do parágrafo único do art. 100[245]

Como bem pontuado por Daniel Amorim Neves[246]:

> Caso o réu pretenda evitar uma duplicidade executiva, terá um ano, a partir do trânsito em julgado, para pagar o que deve aos indivíduos beneficiados, de forma a evitar a execução por *fluid recovery.* Basta procurar tais sujeitos e realizar o pagamento do devido e, havendo resistência do indivíduo que deve recebê-lo, ingressar com consignação em pagamento, o que já será suficiente para evitar a execução por *fluid recovery.*

4.19.5 Prazo de suspensão da ação individual, para beneficiar-se da tutela coletiva

Como já examinado, o art. 104 da Lei nº 8.078/1990 prevê o pedido de suspensão do processo individual para aguardar o desfecho do processo coletivo. A ideia precípua é a de que o indivíduo não seja prejudicado.

Segundo Carvalho Junior:

---

245 "Ponderações sobre o *fluid recovery*". RODRIGUES, Marcelo Abelha. *Processo Civil Coletivo.* Rodrigo Mazzei e Rita Dias Nolasco (coord.). São Paulo, Quartier Latin, 2005 ., p. 465, grifo do original.

246 CARVALHO JÚNIOR, *Manual de Processo Coletivo* cit., p. 354, grifo do original.

> a suspensão, no particular, não está submetida ***ao prazo ânuo*** do CPC, conforme entendimento dominante na jurisprudência: perdura até o trânsito em julgado da ação coletiva. Além disso, o pedido de suspensão é faculdade do autor individual, sem haver necessidade de anuência da parte contrária, e ao magistrado caberá simplesmente suspender o feito, sem contrapor qualquer óbice, desde que obedecido o prazo de 30 dias para manifestação da parte interessada, visto que, se denegar sua concessão, perpetraria uma ilegalidade, passível de correção via ***mandado de segurança.***
>
> Igualmente, o pedido de suspensão pode ser formulado a qualquer tempo e fase processual e mesmo que já exista sentença prolatada na ação individual (salvo se esta transitou em julgado), desde que o autor individual, repise-se, tenha ciência, ***nos autos de seu processo***, do trâmite da ação coletiva.

Posição interessante possui o citado autor em relação ao ônus de dar conhecimento ao interessado para que não haja prejuízo às vítimas na satisfação de seus direitos, bem como o possível benefício ainda que transitada em julgado decisão individual desfavorável. Diz ele:

> Aliás, ousa-se preconizar que, em respeito ao princípio da lealdade processual e à boa-fé objetiva, é ônus do reclamado dar conhecimento aos reclamantes individuais da existência da ação coletiva, sob pena de, não o fazendo, mesmo que a demanda individual não seja exitosa (com o trânsito em julgado, julgando-a improcedente), o autor individual venha a se beneficiar da coisa julgada que eventualmente se formar na ação coletiva, podendo, então, liquidá-la e executá-la em seu favor, salvo

se a rejeição da demanda individual se der em razão de sua ocasional ilegitimidade[247].

Sendo julgada procedente a ação civil pública, a certidão da condenação será objeto de liquidação e execução, que poderá seguir no processo que se encontrava suspenso.

4.19.6 Competência para a liquidação e a execução

A competência constitui pressuposto processual. Sua observância não pode limitar, dificultar ou inviabilizar a satisfação das obrigações contidas na decisão que será liquidada e executada. O art. 98 da Lei nº 8.078/1990 trata de forma adequada a q uestão, conferindo amplitude para que o processo chegue a um bom termo.

A liquidação individualizada, diversamente do processo individual tradicional, possui maior "carga cognitiva"[248], o que recomenda que ela se processe em autos próprios.

A competência do órgão que proferiu a condenação genérica não previne a competência para a liquidação e execução do julgado, quando ela se dá por iniciativa dos próprios indivíduos interessados. Nesse caso, estabelece-se nova relação processual.

Além da competência prevista no art. 98, § 2º, da Lei nº 8.078/1990, o art. 101, I, permite que a ação seja ajuizada no domicílio do consumidor. Deve-se, portanto, aceitar, amplamente, a competência do juiz no local que facilite ao beneficiado pela decisão genérica a liquidação e execução de seu crédito.

---

[247] CARVALHO JUNIOR. Op. cit., p. 69.

[248] Para utilizar expressão de CARVALHO JUNIOR. Op. cit., p. 56.

REFERÊNCIAS

ADAMOVICH, Eduardo Henrique Raymundo von. **Sistema da ação civil pública no processo do trabalho**. São Paulo: LTr, 2005.

ALESSI, Renato. **Instituciones de Derecho Administrativo**. Trad. da 3. ed. italiana, por Buenventura Pellisé Prats, Tomo I, 1970.

ALEXY, Robert. **Teoría de los derechos fundamentales**. Madrid: Centro de Estudios Políticos y Constitucionales, 2. reimpr., 2001.

ANTUNES, Luís Felipe Colaço. **A tutela dos interesses difusos em direito administrativo**: para uma legitimação procedimental. Coimbra: Almedina, 1989.

ARAÚJO, Adriane Reis. "A nova redação da OJ 130 da SBDI-2/TST: alguma novidade?" **Estudos aprofundados MPT. Ministério Público do Trabalho**. V. 2., Élisson Miessa e Henrique Correia (Org.), Salvador: Juspodivm, 2015.

BERGEL, Jean-Louis. **Teoria Geral do Direito**. Trad. Maria Ermantina Galvão. São Paulo: Martins Fontes, 2001.

BORBA, Joselita Nepomuceno. **Legitimidade concorrente na defesa dos direitos e interesses coletivos e difusos**. São Paulo: LTr, 2013.

BUENO, Cassio Scarpinella. Tutela coletiva em juízo: uma reflexão sobre a alteração proposta para o art. 81, parágrafo único, inciso III, do CDC. **Revista do Advogado**, nº 114, p. 18 a 30, dez. 2011.

CARELLI, Rodrigo de Lacerda. Transação na Ação Civil Pública e na execução do Termo de Compromisso de Ajustamento de Conduta e a reconstituição dos bens lesados. **Revista do Ministério Público do Trabalho**, v. 17, n.º 33, p. 122/129, mar., 2007.

CARVALHO JUNIOR, Pedro Lino. **Liquidação e execução na ação coletiva trabalhista**. São Paulo: LTr, 2012.

CASAGRANDE, Cassio. **Ministério Público e a judicialização da política. Estudos de casos**. Porto Alegre: SAFE, 2008.

CÊA, Georgia Sobreira dos Santos. "Faces da privatização do fundo público no Brasil: uma análise da utilização dos recursos do FAT pelo BNDES". Disponível em: http://cac-php.unioeste.br/projetos/gpps/midia/seminario2/trabalhos/economia/meco18.pdf. Acesso em: 10 jan. 2021.

CIARAMELLI, Fabio. **Instituciones y normas. Sociedad global y filosofía del derecho**. Trad. Juan-ramón Capella. Madrid: Trotta, 2009.

COSTA, Marcelo Freire Sampaio. **Curso de Processo Coletivo do Trabalho**. São Paulo: LTr, 2019.

COSTA, Marcelo Freire Sampaio. **Dano Moral (extrapatrimonial) coletivo**. São Paulo: LTr, 2009.

DIDIER JR., Fredie e ZANETI JR., Hermes. **Curso de Direito Processual Civil**. Processo Coletivo. Vol. 4, Salvador: Juspodium, 2007.

DOMENICO SORACE. **Diritto delle amministrazioni pubbliche. Una introduzione**. Bologna: Il Mulino, 2000.

ENTERRÍA, Eduardo García de. **Problemas del derecho público al comicnzo del siglo**. Madrid: Civitas, 2001.

FERRAZ, Antonio Augusto Mello de. "Considerações sobre interesse social e interesse difuso". **A ação civil pública após 20 anos**: efetividade e desafios. São Paulo: Revista dos Tribunais, 2005.

FLEURY FILHO, Luiz Antonio. "Registros históricos de uma lei com destino transcendental". **A ação civil pública. Após 20 anos: efetividade e desafios**. São Paulo, Revista dos Tribunais, 2005.

FONSECA, Bruno G. B. **Compromisso de ajustamento de conduta**. São Paulo: LTr, 2013.

FRANCO, Italo. **Strumenti di tutela del privato nei confronti della pubblica amministrazione dall'annullamento dell'atto lesivo al risarcimento**. Padova: CEDAM, 1999.

FREIRE, A. M. Peña. **La garantía en el Estado constitucional de Derecho**. Madrid: Editorial Trotta, 1997.

GELSI BIDART, Adolfo. "Conciliación y proceso". **Participação e processo**. Coord. Ada Pellegrini Grinover, Cândido Rangel Dinamarco e Kazuo Watanabe. São Paulo: Revista dos Tribunais, 1988.

GIDI, Antonio. **A *class action* como instrumento de tutela coletiva**

dos direitos. "As ações coletivas em uma perspectiva comparada". São Paulo: Revista dos Tribunais, 2007.

GIDI, Antonio, A Representação Adequada nas Ações Coletivas Brasileiras: Uma Proposta (Adequacy of Representation in Brazilian Class Actions: A Proposal) (December 13, 2012). **Revista de Processo**, Vol. 108, No. 61, 2002, U of Houston Law Center No. 2007-A-41, Available at SSRN: https://ssrn.com/abstract=1016416.

GIDI, Antonio. **Coisa julgada e litispendência em ações coletivas: mandado de segurança coletivo, ação coletiva de consumo, ação coletiva ambiente, ação civil pública, ação popular**. São Paulo: Saraiva, 1995.

GÓES, Gisele Santos Fernandes. "O pedido de dano moral coletivo na ação civil pública do Ministério Público". **Processo civil coletivo**. Coord. Rodrigo Mazzei e Rita Dias Nolasco. São Paulo: Quartier Latin, 2005.

GOULART, Marcelo Pedroso. **Ministério Público e democracia. Teoria e Práxis**. São Paulo: Ed. de Direito, 1998.

GRINOVER, Ada Pellegrini et al. **Código Brasileiro de Defesa do Consumidor. Comentado pelos Autores do Anteprojeto**. 8. ed. Rio de Janeiro: Forense Universitária, 2004.

GUASP, Jaime. **Derecho**. Madrid: Gráficas Hergon S.L., 1971.

HABERMAS, Jürgen. **Facticidad y validez. Sobre el derecho y el Estado democrático de derecho en términos de teoría del discurso**. 2. ed. Madrid: Trotta, 2000.

HELLER, Hermann. **Teoría del Estado**. México: Fundo de Cultura Económica, Trad. de LUIS TOBIO, 1942.

IHERING, R. **El espíritu del Derecho romano**. Tomo primero, Granada: Editorial Comares, 1998.

JATAHY, Carlos Roberto de Castro. **Curso de princípios institucionais do Ministério Público**. 4. ed. Rio de Janeiro: Lumen Juris, 2009.

JÚNIOR, Humberto Theodoro. **As Inovações do Código de Processo Civil**. Rio de Janeiro: Forense, 1995.

LEAL, Márcio Flávio Mafra. **Ações coletivas. História, Teoria e Prática**. Porto Alegre: SAFE, 1998.

LEITE, Carlos Henrique Bezerra. **Ministério Público do Trabalho. Doutrina, jurisprudência e prática**. 5. ed. São Paulo: LTr, 2011.

LENZA, Pedro. **Teoria geral da ação civil pública**. 3. ed. São Paulo: Revista dos Tribunais, 2003.

LEONEL, Ricardo de Barros. **Manual do Processo Coletivo**. 3. ed. São Paulo: Revista dos Tribunais, 2013.

LUCAS, Javier de. **Introducción a la Teoría del Derecho**. Valencia: Tirant lo blanch, 1994.

LUCON, Paulo Henrique dos Santos; GABBAY, Daniela Monteiro; ALVES, Rafael Francisco; ANDRADE, Tathyana Chaves. "Interpretação do pedido e da causa de pedir nas demandas coletivas (conexão, continência e litispendência). Lucon, Paulo Henrique dos Santos (coordenador). **Tutela coletiva. 20 anos da Lei de Ação Civil Pública e do Fundo de Defesa de Direitos Difusos. 15 anos do Código de Defesa do Consumidor**. São Paulo: Atlas, 2006.

MANCUSO, Rodolfo de Camargo. **Ação Civil Pública. Em defesa do meio ambiente, do patrimônio cultural e dos consumidores. Lei 7.347/1985 e legislação complementar.** 10. ed., São Paulo: Ed. Revista dos Tribunais, 2007.

MARINONI, Luiz Guilherme. **Técnica Processual e tutela dos direitos**. 4. ed. rev. e atual. São Paulo: Revista dos Tribunais, 2013.

MATEO SANZ, J. B. **El retracto convencional: relación jurídica y derecho subjetivo**. Madrid: Dykinson, 2000.

MAZZILLI, Hugo Nigro. **A defesa dos interesses difusos em juízo. Meio ambiente, consumidor, patrimônio cultural, patrimônio público e outros interesses**. 18. ed. São Paulo: Saraiva, 2005.

MAZZILLI, Hugo Nigro. "Notas sobre a mitigação da coisa julgada no processo coletivo". **Processo civil coletivo.** Coord. Rodrigo Mazzei e Rita Dias Nolasco. São Paulo, Quartier Latin, 2005.

MEDEIROS NETO, Xisto Tiago. "A prova na ação civil pública trabalhista. **Estudos Aprofundados MPT-Ministério Público do Trabalho.** 2. ed. Salvador: Juspodium, 2013.

MEDEIROS NETO. Xisto Tiago. **Dano moral coletivo**. 3. ed. São Paulo: LTr, 2007.

MEIRELLES, Hely Lopes. **Direito Administrativo brasileiro**. 24. ed. São Paulo: Malheiros, 1999.

MELLO, Celso Antônio Bandeira de. **Curso de Direito Administrativo**. 11. ed. São Paulo: Malheiros, 1999.

MELO, Raimundo Simão de. **Ação civil pública na Justiça do Trabalho**. 4. ed. São Paulo: LTr, 2012.

MIESSA, Élisson. Competência para o ajuizamento da ação civil pública. A nova redação na OJ 130 da SDI II do TST. **Estudos aprofundados MPT - Ministério Público do Trabalho**, 2. ed. Salvador-BA: Juspodivm, 2013.

MIRANDA, F.C. Pontes de. **Comentários ao Código de Processo Civil**. Atualização legislativa de Sergio Bermudes. Tomo V - arts. 444 a 475, 3. ed. Rio de Janeiro: Forense, 1997.

MOREIRA, José Carlos Barbosa. "A expressão 'competência funcional' no art. 2º da Lei da Ação Civil Pública". **A ação civil pública após 20**

anos: efetividade e desafios. Édis Milaré (coord.), São Paulo: Revista dos Tribunais, 2005.

MOREIRA, Ranulio Mendes e SEVERO, Valdete Souto. **Dumping social nas relações de trabalho**. 2. ed. São Paulo: LTr, 2014.

NERY JUNIOR, Nelson. "Ação civil pública no processo do trabalho". **Ação civil pública. Lei 7.347/1985 - 15 anos depois.** Édis Milaré (coord.). 2. ed. São Paulo: Revista dos Tribunais, 2000.

NEVES, Daniel Amorim Assumpção. **Manual de Processo Coletivo**. São Paulo: Método, 2012.

NOLASCO, Rita Dias. "Contornos nucleares da execução coletiva". **Processo Civil Coletivo**. São Paulo: Quartier Latin, 2005.

OLIVEIRA, Francisco Antonio. **Ação civil pública. Enfoques trabalhistas**. 3. ed. São Paulo: LTr, 2012.

ORESTANO, Ricardo. **Azione, diritto soggettivi e persone giuridiche**. Bologna: Il Mulino, 1978.

P. GUTIÉRREZ DE CABIEDES e HIDALGO DE CAVIEDES. **La tutela jurisdiccional de los intereses supraindividuales: colectivos y difusos**. Aranzadi, 1999.

PÁRAMO, Juan Ramón. "Derecho subjetivo". En: **Derecho y justicia**. VVAA, Ed. De ERNESTO GARZÓN VALDÉS y FRANCISCO LAPORTA. Madrid: Trotta, CSIC, BOE, 1996.

PEREIRA, Ricardo José Macedo de Britto. Breves considerações sobre a interrupção da prescrição. **Revista do Ministério Público do Trabalho**. nº 9, p. 50/55, mar. 1995.

PRANDSTRALLER, Gian Paolo. **Funzioni e conflitto**. Milano, 1970.

RATZENHOFER, G. E SMALL. A. Apud PRANDSTRALLER, Gian Paolo. **Funzioni e conflitto**. Milano, 1970.

RODRIGUES, Geisa de Assis. **Ação civil pública e termo de ajustamento de conduta. Teoria e Prática**. 2. ed. Rio de Janeiro: Forense, 2006; 3. ed., 2011.

RODRIGUES, Marcelo Abelha. "Ponderações sobre o fluid recovery". **Processo Civil Coletivo.** Rodrigo Mazzei e Rita Dias Nolasco (coord.). São Paulo: Quartier Latin, 2005.

SALMERÓN, M. Fernández. "Nuevas tendencias de la Justicia Administrativa en Italia: hacia algunas quiebras de la distinción entre intereses legítimos y derechos subjetivos". In: **Revista de Administración Pública**. Centro de Estudios Políticos y Constitucionales. Número 154, 501-540, 2001.

SAN LUCA, Guido Clemente. **I nuovi confini dell'interesse pubblico e altri saggi**. Padova: CEDAM, 1999.

SAUCA, José Maria, in VA. (Org. Gregório Peces-Barba, Eusebio Fernández y Rafael de Asís). **Curso de Teoría del Derecho**. Madrid: Marcial Pons, 1999.

SCHINESTSCK, Clarisse Ribeiro. "A eficácia probatória dos elementos informativos do inquérito civil na perspectiva do processo justo e equânime". **Estudos aprofundados MPT-Ministério Público do Trabalho.** 2ª. Ed. Salvador: Juspodium, 2013.

SEN, Amartya. **Desenvolvimento como liberdade**. São Paulo: Companhia das Letras, 1999.

SILVA, Edson Braz. "Inquérito civil trabalhista, termo de ajuste de conduta, execução do termo de ajuste de conduta na Justiça do Trabalho". **Revista do Ministério Público do Trabalho**. Brasília, v. 10, n.º 20, p. 23/24, set. 2000.

SILVA, Marcello Ribeiro. **Ação civil pública & Processo do Trabalho**. 2. ed. Curitiba: Juruá Editora, 2008.

SOUTO MAIOR, Jorge Luiz; MOREIRA, Ranulio Mendes; SEVERO, Valdete Souto. **Dumping social nas relações de trabalho**. 2. ed. São Paulo: LTr, 2014.

SOUTO MAIOR, Jorge Luiz. **O Dano Social e sua Reparação**. Disponível em: http://www.nucleotrabalhistacalvet.com.br/artigos/O%20Dano%20e%20sua%20Repara%C3%A7%C3%A3o%20-%20Jorge%20Luiz%20Souto%20Maior.pdf. Acesso em: 10 jan. 2014.

SOUZA, Ilan Fonseca. Inefetividade dos Termos de Ajuste de Conduta Firmados pelo Ministério Público do Trabalho: uma análise empírica. Termos de ajuste de conduta do Ministério Público do Trabalho estão sendo efetivos? **Jus Navigandi**. Disponível em: Jus.com.br. Acesso em: 10 jan. 2021.

TARTUCE SILVA. Flávio Murilo. "Reflexões sobre o dano social". Trata-se de estudo pioneiro do professor titular Antônio Junqueira de Azevedo da Faculdade de Direito da Universidade de São Paulo, do Departamento de Direito Civil. Disponível em: http://www.ambito-juridico.com.br/site/index.php?n_link=revista_artigos_leitura&artigo_id=3537. Acesso em: 10 jan. 2014.

TRAMONTE, Marina Silva; MELHADO, Reginaldo; NATALI, Heiler Ivens de Souza. Inadequação da destinação de recursos obtidos pelo MPT ao Fundo de Amparo ao Trabalhador e sua utilização em ações de política pública social. **Revista de Direito Público**, Londrina, v. 7, nº 1, p. 149/164, jan./abr. 2012.

VIGLIAR, José Marcelo Menezes. Ação civil pública ou ação coletiva? In: **Ação civil pública. Lei 7.347/1985 - 15 anos depois.** Édis Milaré (coord.). 2. ed. São Paulo: Revista dos Tribunais, 2000.